月イチ10分「できたこと」を振り返りなさい

Kenichi Nagaya 永谷研一

ダイヤモンド社

はじめに

「**振り返り**ってめんどうだよな〜」

「そもそも、
振り返りって
本当に必要なの？」

「目の前のやることに精一杯で、
自分のことを
考えるヒマなんてない」

その気持ち、痛いほどよくわかります。


「失敗は成功のもと！　明日に生かしていこう！」

「できなかった原因を探り、改善していくべきだ！」


私たちは、これまで「振り返り」の大切さを口酸っぱく言われてきました。

会社や学校では、期末や年度末に振り返りの機会が与えられます。

「何が悪かったのか？」「それを次はどう改善するのか？」と考え、上司や先生と話し合い、改善策を発表してきました。時には、長い文章を書かされたり、何度も話し合いの場を設けさせられたり……しかし、そこまで一生懸命振り返ったのに、1週間もすれば何を話したかすら忘れてしまう。

とてもめんどうなわりに、いまいち効果を実感できない――。

振り返りに対する印象は、正直こんな感じではないでしょうか。

だから、振り返りはめんどうだし、やりたい気持ちがわかないのです。

◎成長しない人は「経験」から学んでいない

しかし、これだけはハッキリ言っておきます。

私たちが成長し、自己実現を果たすために「**振り返り**」**は欠かせないステップ**です。

私はこれまで1万2000人以上の方の振り返りをサポートしてきました。10年以上蓄積された振り返りデータを分析する中でわかったことがあります。

それは、**成長しない人は「経験」から学んでいない**ということです。せっかく貴重な経験をしているのに、それを分析して次に生かそうとはせず〝スルー〟してしまっているのです。

たとえば、ある営業マンが運よく契約を取れたとします。

そこで「よし、うまくいったぞ！　次の商談も頑張るぞ！」と意気込み、次の仕事に取り掛かろうとする――。

前向きな意欲自体は悪くありませんが、これでは、せっかくの経験が右から左へ流れるだけ。経験を生かすなら、次のような問いを自分に投げかけ、振り返る必要があります。

「なぜうまくできたのか？」

「自分はどう成長できるのか？」

「どの点が自分の喜びだったのか？」

「そもそも、何のためにやっているのか？」

「本当にこのやり方でいいのか？」

「もっと別の方法がないのか？」

「対応策を確実に
実践するには
どうしたらいいか？」

一度立ち止まって自問し、経験を振り返る。

これが「経験から学ぶ」ということです。

ところが、多くの人が目の前の作業に精一杯で、考えることをおろそかにしています。

経験から学び取る**「成長のチャンス」を失っている**のです。


成果を出す人は、必ず経験から学んでいます。一度立ち止まり、考えてから、前に進みます。経験したことを、よりよくしようと磨き上げているのです。

陸上で活躍した為末大さんも、「振り返り」の大切さを語っています。

以前、アフリカのガーナを訪れた為末さんは、「なぜこんなに体が小さく、筋肉も少ない日本人がメダルをとれたのか？　あなたにもっとも影響を与えた日本文化は何か？」という疑問をぶつけられたそうです。

そしてしばらく考え、得た結論は、「自分で自分を育てることができるから」だったそうです。そのときの取材記事には、為末さんの次のような言葉が掲載されていました。

「自分で自分を育てる能力とは、自己を客観視し、問題を見つけて改善し、さらにそれを継続すること」

（引用：『日本経済新聞』２０１７年７月25日）

ここで言われている「自分で自分を育てる能力」とは、まさに「経験を振り返る力」です。

為末さんに限らず、一流の人は、経験を振り返ることで成長し続けているのです。

◎驚くべき効果が続々！　超シンプルな振り返りメソッド

しかし、そうは言っても、やはり振り返るのはめんどうですよね。

「振り返りが大切なことくらいわかってるんだよ！　でも時間がないし、効果的なやり方がわからないからできないんだ！」

そういう方にこそ、本書のメソッドはピッタリです。

本書のメソッドはとてもシンプルでかんたん。**「できたこと」を振り返る**、ただそれだけです。

これまでの振り返りのメインテーマとなってきた**「できなかったこと」や「失敗」は完全無視**でかまいません。

ただし、毎日、少しでも「できた！」と思うことがあれば、それだけは絶対に無視せずにメモする。そして、その中のいくつかを月1回、じっくり振り返り、行動を変える。

- 毎日「できたこと」をメモする
- 月1回「できたこと」を振り返る
- 行動を変える

これだけであなたは常に成長し、成果を出し続ける好循環に入り、「ありたい姿」「目標」に最速で到達できるのです。

・仕事で成果を出したい。まわりに認められたい
・資格試験に合格したい。ステップアップしたい
・スポーツで記録を高めたい。大会で優勝したい

常に成長し続ける好循環が生まれる「振り返り」習慣により、あなたは最短で目指すべき場所へ到達することができます。

実際、私が1万2000人以上の人材育成をサポートするなかで、多くの人が「振り返り」で大きな成果をあげてきました。

9割の社員がTOEIC®のスコアアップを実現!

ある会社では、TOEICのスコア対策として私の振り返りメソッドを導入しました。

その会社は、TOEICのスコアが人事評価にもかかわってくるため、社員の人たちもなんとかスコアを伸ばしていきたいのが本音です。しかし、目の前の仕

事でいっぱいいっぱいで、スコアアップに苦しんでいる人がたくさんいました。

ところが、振り返りを習慣にしただけで、驚くべき効果が出ました。導入から数カ月後の試験で、100名近くいる対象者のうち、その9割がスコアアップに成功したのです。中には模試で380点だったスコアを、一気に倍の760点に伸ばした人もいました。

前例にない、高い売上目標を達成！

私が担当した住宅系の会社も、振り返りによって業績を大幅に伸ばしました。

その会社では、新商品の販売にあたってプロジェクトチームを始動。前例にない数十億という高い目標に掲げ、営業活動を始めました。そして、日々の営業活動などについて振り返りを実践していったのです。

毎日の振り返りは、個々人の行動を変えていくと同時に、チーム間の情報共有ともなり、チーム全体の営業活動の効率化やモチベーションアップにもつながったようです。

結果、そのプロジェクトは大成功！　前例にない目標を達成したことで社員の意識は高まり、会社全体にもいい空気が流れ始めたようです。

中学の弱小バドミントン部が県大会出場！

とある中学のバドミントン部でも本書の振り返りメソッドを実践してもらいました。そのバドミントン部は、毎年地域予選負けというレベル。「今年こそは！」と意気込む監督が私のメソッドに共感し、部員全員で振り返りを始めたのです。日々「できたこと」をメモし、それをもとに振り返りを実践していきました。

そして迎えた地域予選では、見事勝ち抜き、初めての県大会出場を決めました。監督も部員たちも、振り返りの大切さを強く実感したようです。


「振り返り」習慣を身につけるだけで、中学生からビジネスパーソンまで、驚くような変化・成長を実現しているのです。

最初は「振り返りってめんどうだなぁ～」などと腰が重かった人も、振り返りの威力を実感すると、「今では振り返りの時間が楽しくて仕方ありません！」とか、「歯磨きと同じで、やらないと気持ち悪いです」などと、すっかり「振り返り」ワールドにはまっていきます。

誰でも最初の一歩を踏み出せば、成長し続ける習慣が自然と身についていくのです。

◎たった3つのポイントで「正しい振り返り」はできる

本書では、多くの人が短期間で劇的に成長できた、この「振り返り」習慣について紹介します。

Ｐａｒｔ１では、**できたことメモ**で「できたこと」に着目し、自己肯定感を高めていきます。成長や自己実現を果たすためには、自己肯定感が高い状態が必須です。まずは、日々の生活にちょっとした習慣を加え、成長への一歩を踏み出してもらいます。

Ｐａｒｔ２では、日々見つけた「できたこと」を月1回、**4つの自問**で振り返ります。「できたこと」をきっかけに、今取り組むべき課題が浮き彫りになってきます。

Ｐａｒｔ３では、振り返りで見つけた課題を踏まえて、**行動を変え、習慣化していくポイント**をお伝えします。いくら頭でわかっていても、実際に行動に移さなければ意味がありません。「どう自分の行動を変えていくか」、私の専門分野でもある行動変容のポイントをシンプルに紹介していきます。

この３つのパートから成り立つ「振り返り習慣」を身につけることで、あなたの成長速度はこれまでとは比べものにならないレベルになるでしょう。

この一冊をフル活用することで、「売上目標を達成」「資格試験に合格」「大会で優勝」など、あなたが目指すゴールに最速で到達できるようになることをお約束いたします。

永谷 研一

「振り返り、ちょっとやってみたくなったかも……！」

月イチ10分「できたこと」を振り返りなさい　もくじ

Part 1

1日5分の「できたことメモ」

成長への一歩を踏み出す

Part 2

月イチ10分「できたこと」を振り返りなさい

Part 3

これで「やり抜く人」になれる！行動し続ける技術

Part 1

成長への一歩を踏み出す

1日5分の「できたことメモ」

「反省」は振り返りではない

◎「振り返り＝反省」は間違い

私の受講生の一人にKさんという女性がいました。

彼女は念願だったフルマラソンに挑戦したそうです。しかし、30㎞を過ぎたあたりで足の痙攣《けいれん》が始まり残念ながらリタイアとなりました。

「あれだけ練習したのに、なぜ完走できなかったのか……」

なんとかその原因を探り、次回に向けて再出発したかったKさん。

しかし、ひどく落ち込んでしまい、結局、その意欲を失ってしまいました――。

なぜKさんは、やる気を失ってしまったのか。

それは**「反省」**してしまったからです。

皆さんは、「振り返り」と言うと、どんなことを思い浮かべますか？

・なぜうまくできなかったのか？
・なぜ自分はこんなにできないのか？

このように、うまくいかなかった出来事ばかり考えるかもしれません。

とくに、「振り返り＝問題を見つけて改善する」という意識が強いと、悪いことばかりに目が行きがちです。

しかし、**「振り返り＝反省」ではありません。**

反省とは、自分の失敗やダメな点に目を向け、それを改めようとすること。

辞書にも、こうあります。

反省（はんせい）
1 自分のしてきた言動をかえりみて、その可否を改めて考えること。
2 自分のよくなかった点を認めて、改めようと考えること。

（引用：『デジタル大辞泉』）

こうした失敗やできなかったことに無意識に目がいってしまうのが人間です。

・まったく契約が取れなかった
・上司に怒られた
・やろうと思っていたことに手をつけられなかった
・今日もうまくできなかった……

思いどおりにいかなかったこと、うまくできなかったこと、恥をかいたこと、注意されたこと……私たちのまわりには、数えきれない失敗が生まれています。

しかし、「できなかったこと」ばかり見て、「どうすればいいんだろう？」「なんとか改善しないと……」と悩んでいると、どんな気持ちになりますか？

「あぁ、どうしよう……」「自分なんてどうせ……」「もう、やめてしまおう……」そんなふうに気持ちが落ちていきますよね。

いったんこうなると、どんどんネガティブになり、前向きに行動できません。

事実、脳科学の研究でも、人は悲観的な思考に引っ張られやすいとされています。一度受けた恐怖（痛い目にあった、恥をかいた、怒られた）は、長期にわたって人の思考に影響を及ぼし続けるのです。

成績が上がっているときはどんどん成長していくのに、成績が悪くなったとたん、ドツボにハマッていく——。そんな経験をしたことがあるでしょう。

うまくいっていないとき、人は自分のことをネガティブに見がちです。

そのように自分を見続けるうちに、「自分には向いていないのかもしれない」「いっそのことやめてしまおう」という感情が芽生えてきます。

そう、反省は、あなたの成長にとって〝ちょっと危険な行為〟なのです。

◎反省という名の「アリ地獄」に気をつけて！

「えっ、振り返りって反省じゃないの!?」

「反省したらダメなの？」

もしかしたら、少し驚かせてしまったかもしれませんね。

でも「振り返り」とは何かを伝える前に、まず一見似ているようでまったく違う「反省」について、どうしてもあなたに理解していただきたかったのです。


もしかすると、こんな疑問を持った人もいるかもしれません。

「いやいや、自分のダメさ加減を知って追い込まれて『なにくそ！』と頑張ったときこそ、人は成長できるのでは？」

たしかにそういう人もいます。しかし、失敗から成長できるのはほんの一握りの人だけです。

「失敗ではない。うまくいかない1万通りの方法を発見したのだ」と語ったとされるエジソンも「失敗」の有用性を述べていますが、エジソンはたぐいまれな達成意欲があったからこそ、失敗を糧にすることができたのです。

あなたは、エジソンのように何回も失敗しても、情熱を失うことなく前向きに反省し、日々行動し続けられるでしょうか？

よほどの努力の天才でない限り、不可能でしょう。

私たちは「エジソン」ではありません。普通の人間なのです。

失敗すればやる気も失いますし、不安にもなります。行動する意欲も減退しますし、時にはやめたくもなります。

「そんな……」と思うかもしれませんが、決して悲観することはありません。ほぼ99パーセントの人は、それが当たり前です。

偉そうに言っている私だって、そのうちの一人。失敗したらやる気をなくしますし、実際に投げ出してしまうこともあります。

くり返しますが、「振り返り」は、あなたの成長のために、あなたにとってプラスの変化をもたらすために行うことです。

「反省」は、ともすると、あなたを「成長できないアリ地獄」に引きずり込んでしまうかもしれません。

「失敗」や「できなかったこと」を1人で悶々と考えてしまったら……。

やっぱり苦しくなってしまいます。

何かと言い訳してしまい、本音と向き合えない。

傷つかないように取り繕い、浅い思考になる。

本当にクリアすべき課題があっても見て見ぬふり。

誰かのアドバイスも素直に受け止められない。

そして、自分と正面から向き合うことができないまま、行動する意欲も奪われる——。

こうした負のスパイラルに、どんどんハマっていきます。

まさに「アリ地獄」なのです。

■ 成長できないアリ地獄

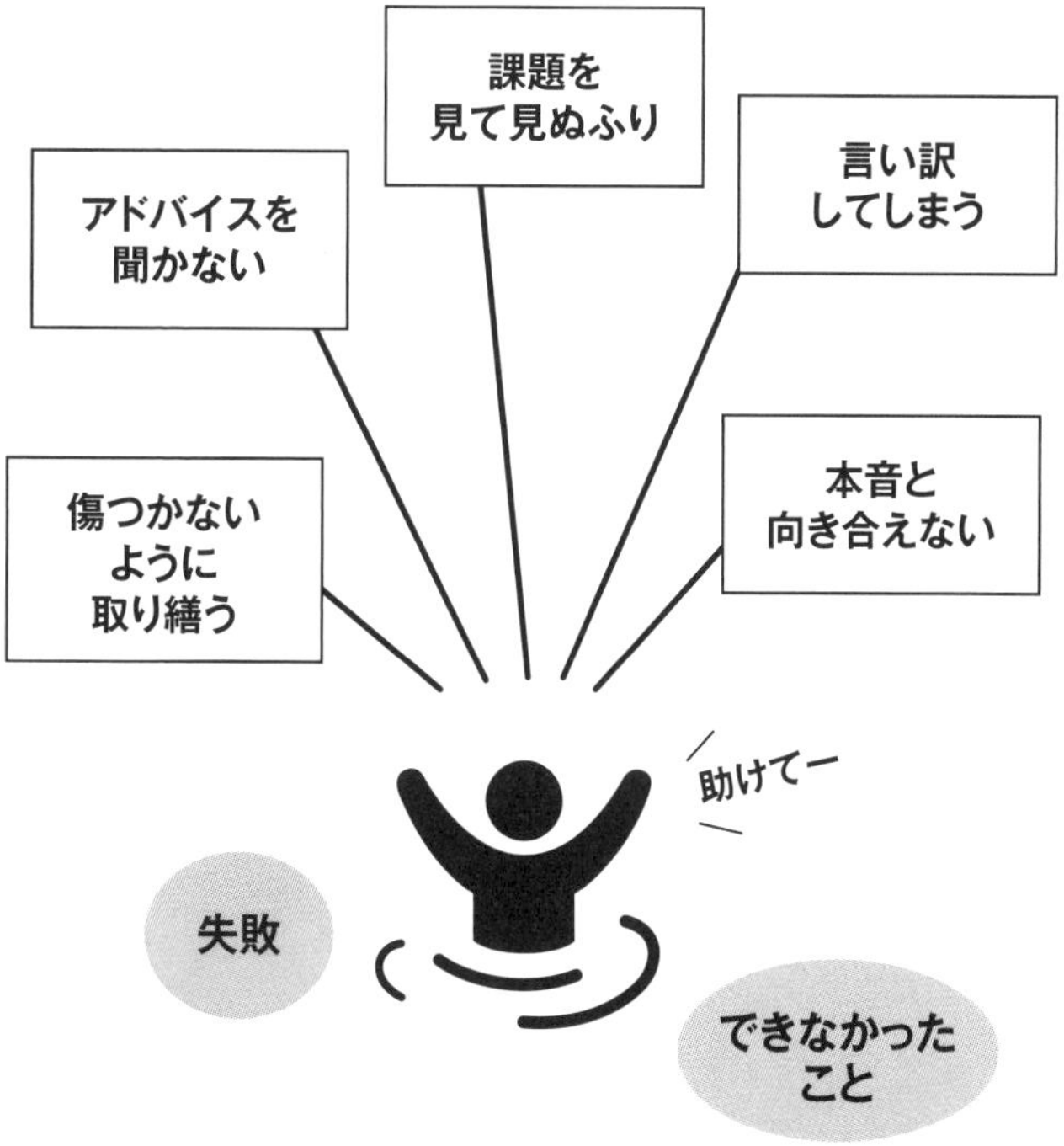
課題を
見て見ぬふり
アドバイスを
聞かない
言い訳
してしまう
傷つかない
ように
取り繕う
本音と
向き合えない
助けてー
失敗
できなかった
こと

「アリ地獄」はなんとしても避けたいですよね。
だからこそ、反省とは違う、正しい「振り返り」のやり方を知る必要があるのです。

「心のフタ」を開けると成長できる

◎自分と向き合える人、向き合えない人の違い

では、成長し、目標に近づくために必要なことは何でしょうか。
失敗をなぐさめてくれる彼女や彼氏でしょうか？
それとも、落ち込んでもあなたの尻を叩き続ける鬼コーチでしょうか？

——いいえ。どちらも違います。

答えは、**「自己肯定感」**です。

自己肯定感とは、「ありのままの自分を認められているかどうか」の指標です。自己肯定感が高い状態だと、「自分は大切な存在であり、価値のある人間だ」と自分を認めてい

ると言えます。誰かから見た視点ではなく、「自分で自分を前向きにとらえているか？」です。

自己肯定感が高い人のほうが成長しやすいことは、さまざまなデータからも表れています。

２０１７年に文科省が公表した、小学6年生と中学3年生を対象に自己肯定感の高さを調べた調査では、第1位となった秋田県をはじめ、上位を占める県のすべてが、合わせて行った学力試験でも高い正答率を出していたようです。

反対に、自己肯定感が低かった地域では、正答率もかなり低いという結果が出ました。

なぜ自己肯定感が、これだけ成長に影響してくるのでしょうか？

それを理解するには「**深層心理**」について理解しておく必要があります。

人の心の奥を深層心理と言いますが、そこには心のフタがあります。

フタの上には、外向けの自分がいます。これは〝ペルソナ〟と言って、まわりに見せている仮面のようなものです。

私たちは、普段このペルソナをいくつもつくって生活しています。

会社では「弱音を決して吐かない頼れるリーダー」。自宅では「子どもにやさしいお父さん」。友達同士では「おふざけな盛り上げ役」……こうして、外向けにいろいろなキャラを演じているのです。

そして、そのペルソナの奥底、つまり心のフタの下には、あなたの本心が隠れています。それは、とてもピュアな本音の部分です。

しかし多くの人は、この本音と向き合うことを避けます。なぜなら、本音と向き合うと傷つく恐れがあるからです。

「おふざけな盛り上げ役」というペルソナの奥には、「本当はコミュニケーションが苦手だから、ふざけて場を取り持っているだけ」という本音があるかもしれません。しかし、そこに向き合おうとすると「コミュニケーションが苦手」という自分の弱い面を受け入れる必要が出てきます。

フタを開けなければ、こうした本音を見つめないで済みます。誰だって、自分の弱みと正面から向き合うことからは避けたいものです。

しかし、見せかけの自分であり続ける限り、残念ながら成長することはできません。

自己肯定感が高い状態になると、自然に心のフタが開き、自分の本音と正面から向き合えます。

「自分のマイナス面も含めて、ありのままの自分を自分で認めている状態」になるのです。自分は価値ある大切な存在だと疑いもなく、自信に満ち溢れている状態です。**自らを認めている状態のため、弱い部分にも向き合える**のです。

「振り返りの方法が知りたいだけなのに、自分の弱い部分と向き合えだなんて！」と、戸惑った人もいるかもしれません。

しかし、この「自分と向き合う」という、一見しんどそうな行為こそが、「振り返り」のカギなのです。自分と向き合えた瞬間から、あなたの人生は大きくプラスの方向に転換していきます。

■ 深層心理と心のフタ

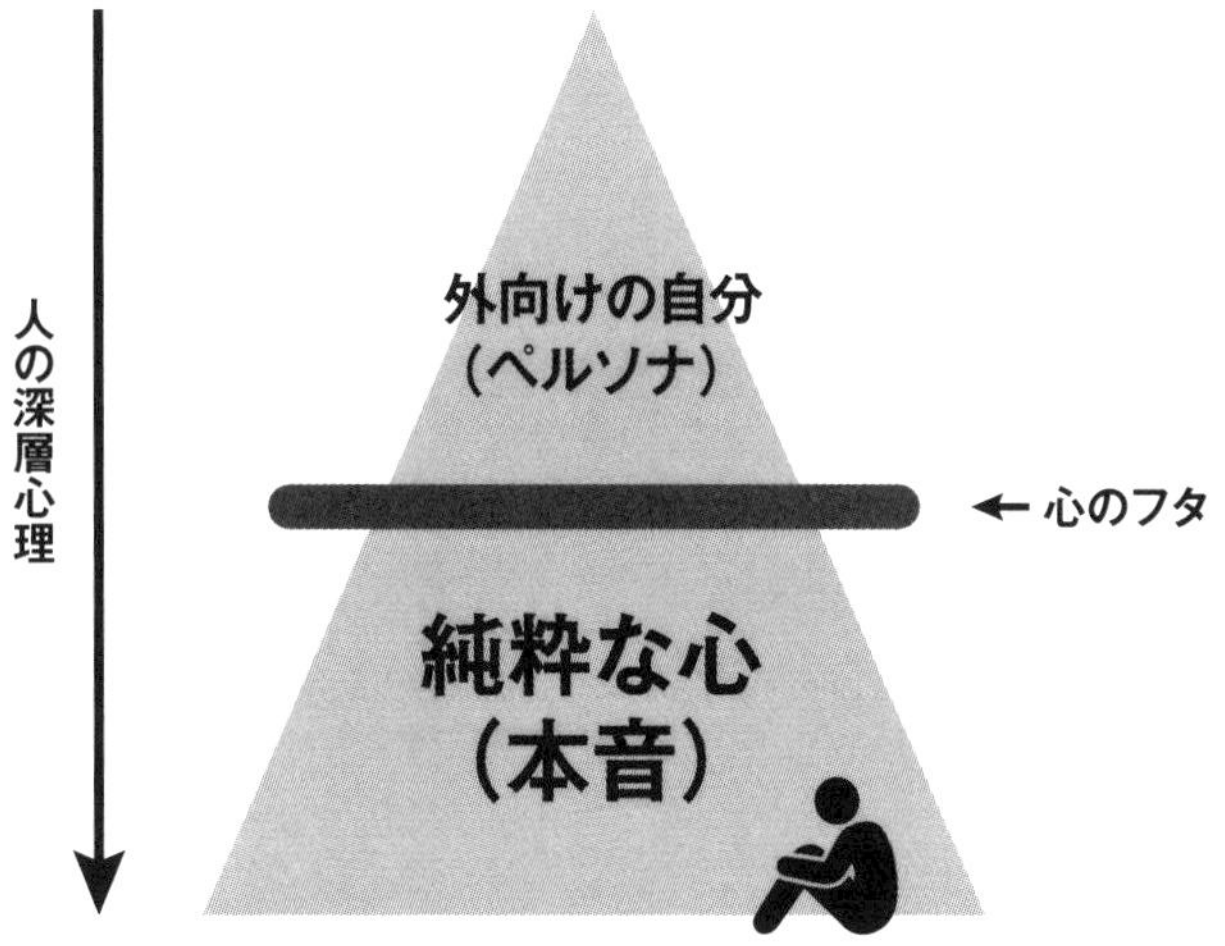

成果を出し続ける人は、ワクワクできる人

◎「自己肯定感」があると、勝手に動きたくなる

もう少しだけ、自己肯定感のお話にお付き合いください。

自己肯定感が高いと、行動・挑戦する意欲も高まります。

人間はロジカルに理解しただけでは動けません。行動には「感情」も大切な要因です。ポジティブになれば、行動を主体的に変化させ、何事にも挑戦したくなります。

子どもの頃を思い出してください。何かができるようになると、嬉しくなって「もっとやりたい、やってみたい！」と感じたことはありませんか？

たとえば、なわとびの基本である前跳びができるようになったら、今後は後ろ跳び、さらには二重跳びと、どんどん新しい跳び方にチャレンジしていったと思います。嬉しい、

楽しい、ワクワクする……こうしたポジティブな感情があると、どんどん行動したくなるのです。

こうした人間の性質を、行動科学で「強化」と言います。人間は、「よい結果が得られることは、もっとやろう」とするのです。

一方で、負の感情は、行動する意欲を奪います。

「また失敗しそうだな……」
「成果が出なかったらどうしよう……」
「失敗したら恥ずかしいな……」

これらの感情では、前向きな行動やチャレンジができません。

厳しく叱ったり、プライドを傷つけるまで凹ませる研修プログラムを見たことがありますが、あのような人材育成はまったく意味がありません。これでは「また失敗したらどうしよう……」「また怒られるかもしれない。嫌だな、やりたくないな……」と、負の感情が先に立ち、行動を変えられないからです。

私自身、これまで多くの人材育成に携わる中で、まず**「自己肯定感」が高い状態をつくらなければ行動は変えられない**と結論づけました。

「いいことがありそうだから、やってみたい」と思わなければ、人は動かない。

当たり前ですが、これは本当に大切なことです。

誰もが成長するためには、何よりまず自己肯定感を高め、ポジティブで前向きな感情をつくり出す必要があるのです。

自己肯定感を高めることで、自分の課題と本音で向き合え、積極的に行動していけます。

では、どのように自己肯定感を高めていけばいいのか？

難しいことは1つもありません。

自己肯定感が高い状態は、ちょっとした習慣の変化でつくれます。

その習慣こそが、**「できたこと」**を見つけることなのです。

今の心の状態がわかる5つのサイン

◎あなたの自己肯定感は大丈夫？

自己肯定感を高めるためには、「できたこと」を見つける。

こう書くと、すごくかんたんなことに思えますが、多少のコツがいります。

「できたこと」を見つける習慣を説明する前に、今のあなたの自己肯定感が下がっていないかをチェックしてみましょう。

あなたは、自己肯定感が高いほうでしょうか？

正直、考えたこともないですよね。

自己肯定感の高さは、ある程度自分で把握できます。風邪のひき始めと同じように、**自己肯定感が下がったときに出やすいサイン**があるのです。

次の5つのどれかに当てはまる人は、自己肯定感が低下しているかもしれません。

□ 他者を否定してしまう

自己肯定感が低い場合、「自分が得意ではないこと」「目をそむけたい部分」を他人に見せつけられると、受け入れがたい気持ちがわいてきます。

たとえば、コミュニケーションスキルに問題があると思っている若手社員がいるとします。

彼の自己肯定感が下がっているときに、積極的に上司と話している同僚を見ると、「あいつ、媚びを売りやがって」と否定的な見方をしてしまうでしょう。これは、相手を否定することで自分の身を守っているとも言えます。

もし自己肯定感が高ければ、「◯◯さんはすごいな。自分も見習わなければ」とポジティブな気持ちで、自分の弱い面を見つめられるのです。

□ 忠告されたときに「怒り」がわいてくる

他者からのアドバイスを好意的に受け止められず、怒りの感情が先立ち、敵視してしまうときも要注意です。時には「そんなことない！」と怒り出してしまいます。

相手があなたのためを思って言ってくれていることでも、自分を非難されたと感じてしまう場合は、自己肯定感が下がっているシグナルです。

□失敗したときに「言い訳」してしまう

自己肯定感が低い場合、失敗したことを素直に受け止めることができません。つい、言い訳をしてしまいます。

自分を否定されたくないという「恐れ」から責任転嫁し、自分を正当化してしまうのです。「時間がなかった、忙しかった」「私は悪くない、あの人のせいだ」「来週からやろうと思っていた」などと言い訳します。

□新しいことにチャレンジする意欲がわかない

新しいことにチャレンジしようという意欲は、自己肯定感が高いときに起こりやすいことがわかっています。新しいことを始めるのがおっくうなときは、自己肯定感が下がっている可能性があります。

□人からの感謝の言葉や褒め言葉を素直に受け止められない

人からの「ありがとう」や、「頑張っているね」「すごいね」などの称賛を素直に受け止められないときは、かなり自己肯定感が下がっています。「嬉しい」という感情より「不安」になり、「何か裏があるのではないか?」と勘ぐるようなケースは要注意です。

これらのうち1つでも当てはまったら、あなたの自己肯定感が落ちている証拠です。

でも、決して落ち込まないでください。人間ですから、アップダウンがあるのは当然です。

ここで**大切なのは、自己肯定感が落ちていることに気づくこと**です。気づいているかどうかで大きな違いが生まれます。

「今、自己肯定感が落ちているな」と客観的に自分の状態がわかれば、冷静に対処できるようになるのです。

■ 自己肯定感の低下を見抜く5つのサイン

☑ 他者を否定してしまう

☑ 忠告されたときに「怒り」がわいてくる

☑ 失敗をしたときに「言い訳」してしまう

☑ 新しいことにチャレンジする意欲がわかない

☑ 人からの感謝の言葉や褒め言葉を素直に受け止められない

「できなかったこと」は無視。「よし！　うまくできた！」は絶対にメモ

◎「できなかったこと」は無視していい

ここまで述べた通り、成長のカギは「自己肯定感」です。

では、どうすれば自己肯定感を高めていけるのか？

それは、思い切って**「失敗」や「できなかったこと」を無視する**ことです。

失敗から多くの学びがあることは否定しません。ただ、いくらそこに成長につながる宝の山があったとしても、たどり着けなければ意味がありません。

自己肯定感が低い状態では、自分と向き合えず、宝の山にたどり着くことはできないのです。

ですから、今日から「失敗」や「できなかったこと」に注目するのはやめましょう。

失敗やできなかったことは完全に無視してください。

あなたが見つめるべきは、ただ1つ。**「できたこと」**です。

「できたこと」は人と比べず自分軸で考えてください。自分が「できた」と思えば、それは「できたこと」なのです。自分軸で考えれば、誰も否定できません。

「できたこと」に目を向けると、「よし！できた。気持ちいい、やったぞ、嬉しい」とポジティブな感情が自然にわいてきます。こうして自己肯定感が高まっていきます。

先日、NHKの「奇跡のレッスン～世界の最強コーチと子どもたち～」というテレビ番

■「できたこと」だけを見つめよう

組を見ました。その日の内容は、数多くの有名プロゴルファーを指導してきたルディ・デュラン氏が公立中学校のゴルフ部を指導するというもの。デュラン氏は「失敗は忘れ、いい記憶だけ残そう」とアドバイスし、反省ばかりの子どもたちを前向きに変えていきました。

最初、生徒たちはショットを打って失敗すると、曇った表情や顔を歪めたりします。そんな生徒たちにデュラン氏は言います。

「失敗には意味がないので考えなくていい」

「クリエイティブに発想できれば、プレーは楽しくなりスコアもよくなる」

ある生徒が、「低いフェード、高いドローボールを打つにはどうしたらいいか？」と質問した際には、「そんなことは必要ない。自分が得意なショットを最大限生かせばいい。自信があるショットを信じて打てばいいんだ」とアドバイスしていました。

デュラン氏も、「できたこと」から自己肯定感を高める指導者の一人だったのです。

◎1日5分！「できたことメモ」の習慣

さらにデュラン氏は、うまくいったことだけをノートに書かせ、よい記憶を書きためることを薦めていました。

この「できたことを書きためる」ことは、自己肯定感を高める有効な方法です。あえて毎日「できたこと」を書くことで、つい陥りがちなネガティブな視点を矯正し、自己肯定感を高められるのです。

実は私も、前著『1日5分「よい習慣」を無理なく身につける　できたことノート』（クロスメディア・パブリッシング）では、「できたこと」を毎日書き留める大切さを伝えています。

1日の終わりに5分だけ「できたこと」を思い出し、手帳やノートに書き込む。

これだけで多くの実践者が自己肯定感を高め、成長を実感しています。

たとえば、人前で話したり目立ったりするのが大の苦手だったSさんは、「できたこと」を毎日メモし続けた結果、今では外部講師を引き受けるほど自信を持てるようになりました。

生徒の指導に悩んでいた中学校教員のMさんは、「できたことメモ」の実践で自分が教員になった原点を思い出し、より積極的に生徒とかかわることができるようになりました。

このように、**「できたことを書く」という単純な行為を続けるだけでも、確実に自己肯定感は高まっていきます。**

失敗やできなかったことは無視。でも、気持ちがよかったり、数字が上がったり、まわりが喜んでくれたり……、「できた！」「よかった！」「気持ちいい」と少しでも思えるものは必ずメモしておくようにしましょう。

メモする場所は、手帳でも、スマホのメモ機能でも、なんでもかまいません。「できたこと」を書き続けることで自己肯定感が高まり、あなたは自分の本音や課題と向き合える「成長できる人」になっていきます。

■「できたことメモ」の実例

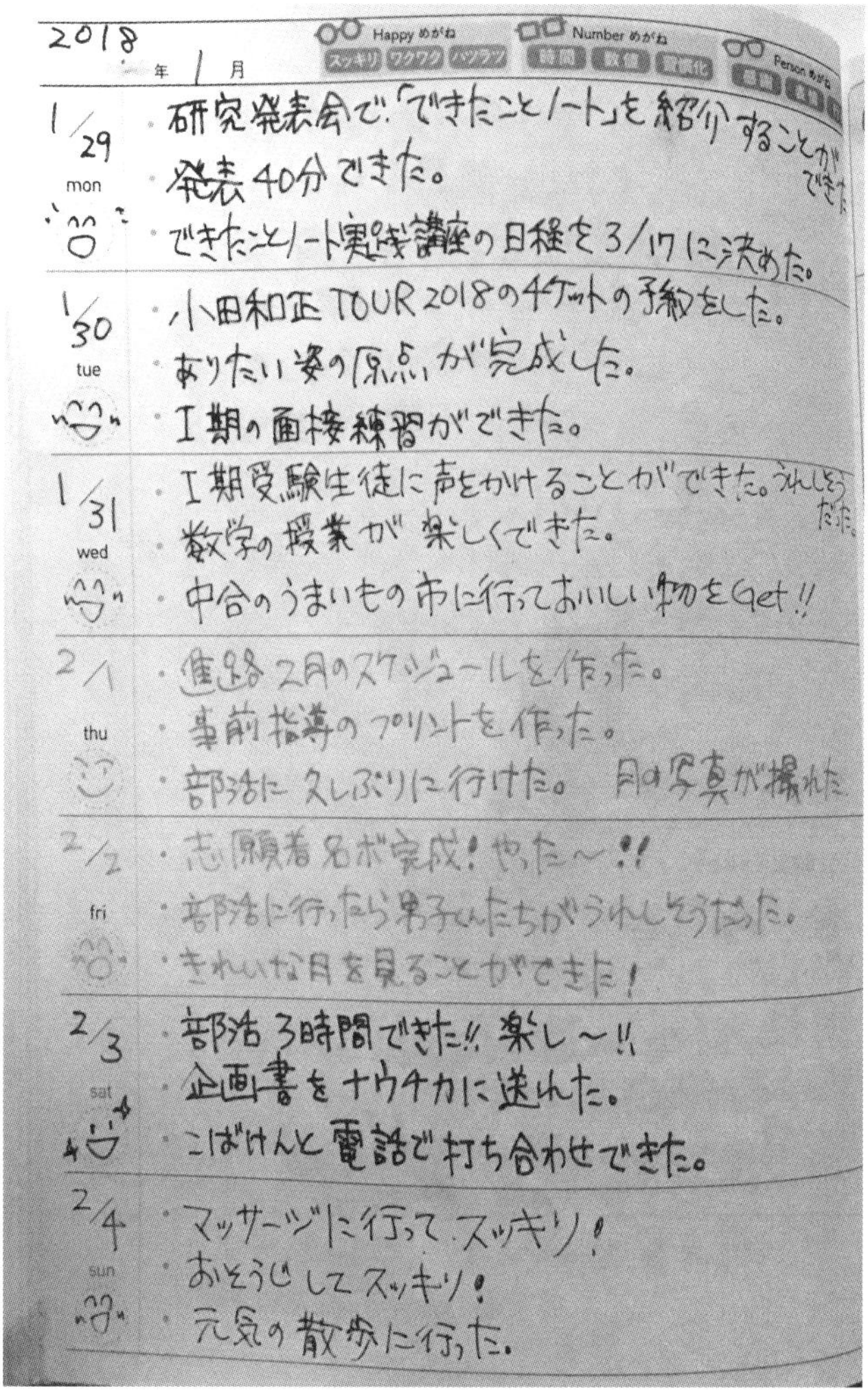
2018 年 1 月
Happy めがね
スッキリ ワクワク ハツラツ
Number めがね
時間 数値
1/29 mon
・研究発表会で「できたことノート」を紹介することができた
・発表40分できた。
・できたことノート実践講座の日程を3/17に決めた。
1/30 tue
・小田和正TOUR2018のチケットの予約をした。
・ありたい姿の原点が完成した。
・I期の面接練習ができた。
1/31 wed
・I期受験生徒に声をかけることができた。うれしそうだった。
・数学の授業が楽しくできた。
・中合のうまいもの市に行っておいしい物をGet!!
2/1 thu
・進路2月のスケジュールを作った。
・事前指導のプリントを作った。
・部活に久しぶりに行けた。月の写真が撮れた。
2/2 fri
・志願者名ボ完成!やった〜!!
・部活に行ったら男子くんたちがうれしそうだった。
・きれいな月を見ることができた!
2/3 sat
・部活3時間できた!! 楽し〜!!
・企画書をナウチカに送れた。
・こばけんと電話で打ち合わせできた。
2/4 sun
・マッサージに行ってスッキリ!
・おそうじしてスッキリ!
・元気の散歩に行った。

◎「できたことメモ」で人間関係が劇的によくなる⁉

「できたことメモ」は、あなたの自己肯定感を高めるだけではありません。他者との関係も良好にしていきます。

私が出版した『できたことノート』の読者や『できたこと手帳』（クロスメディア・パブリッシング）の愛用者からは、次のような声をよくいただきます。

「会社で『できたことメモ』をやったら、部下との関係がよくなった」（ＩＴ企業・管理職）
「クラスで使ったら、生徒同士が協力し合うようになった」（中学校教諭）
「親子で交換日記的に使ったら、子どものいい面がたくさん見えてきた」（主婦）

自分の「できたこと」を日々見つめる習慣は、他人への視点も変えるようです。

「できなかったこと」「ダメだったこと」「失敗したこと」など〝欠けたところ〟に先に目がいくのが人間です。

子どもがテストで60点を取ってきたときには、「どこがわからなかったのかな？　次は頑張ろうね」と間違えた40点が気になりますし、95点を取ってきたとしても「よく頑張ったね。次は、ここを気をつけたら100点だね」と欠けた5点に注目してしまいます。

しかし、欠点ばかりに注目していると、相手のモチベーションを奪い、成長を止めてしまいかねません。当然、人間関係も悪くなってしまいます。

「できたことメモ」を続けることで、こうした他人に対する否定的な視点も変わっていきます。自分を見る視点が肯定的になることで、他人に対しても自然によい面が見えるようになってくるのです。

さらに、「できたこと」を見つめることで生まれるポジティブなエネルギー自体も、周囲に伝わっていきます。

「できたこと」を見つめていけば、無意識に「喜び」が生まれ、あなたの表情や言動もとてもポジティブなものに変わっていくはずです。

すると、まわりの人もあなたといることが楽しくなっていき、人間関係もうまくいくのです。

「できたこと」に目を向けるだけで、あなたはもちろん、あなたのまわりの人たちの人生も変わっていくとしたら……今すぐやってみたいと思いますよね。

ここからは具体的に、どのように「できたこと」を見つけていくかについて説明していきましょう。

あなたのまわりには「できたこと」がたくさん転がっている

◎「できたこと」は意外にたくさんある

「できたこと」を毎日書き留める。このちょっとした習慣を追加するだけで、自己肯定感を高め、自分や他人を見る目を変えられることがわかったと思います。

しかし、「そうは言っても、『できたこと』なんて毎日出てこないよ……」と思った人もいるかもしれません。少しでも自信がないと、やはりネガティブなところに目が行ってしまうので、そう思う気持ちもよくわかります。そんなときこそ「できたこと」探しで、自分を肯定的に見て、自分のいいところを見つけていきましょう。

「できたこと」は、あなたの身のまわりに意外とたくさん転がっています。参考までに、これまで私の元に届いた毎日の「できたこと」を見ていきましょう。

部屋を大掃除できた

早起きして8時前に出社できた

一週間ぶりに筋トレを全メニューこなせた

帰社前に、明日のタスクを確定し、スケジューリングすることができた

朝起きてから、4km
ジョギングできた

子どもと餃子をつくって食べた。
ニラを買い忘れたけど
美味しくできた

久しぶりに
お弁当をつくれた

ツイッター広告について
理解を深められた

読みたかった本を
読み始めることが
できた

長女の勉強に
付き合った

国語・英語のワークができた

○○さんと
facebookで
友達になれた

ゼミの友達から
近況報告を聞き、
会う約束ができた

月末が締め切りになっている
資料作成を前倒しで進められた

普段より早く起きて、
講義の予習ができた

夜中のお菓子を
我慢できた

「自分も行きたい」
という気持ちを
素直に伝えられた

仕事の帰り道に
コーラを買わなかった

11月の
TOEIC試験に
申し込むことが
できた

いかがでしょう？

あなたの毎日にも、こうした「できたこと」が転がっていませんか？

「できたこと」を探す際は、これからお伝えする「できたことを探す3つのコツ」も参考にしてみてください。きっとあなたも、毎日1つ以上の「できたこと」を見つけられるはずです。

◎できたことを探すコツ①「気持ちがいい」と思ったらすぐにメモ

1つ目の視点は「**感情**」です。

- たまっていた仕事がやっと終わって**スッキリした**
- クレームの対応をうまくできて**ホッとした**
- 有給休暇を取って旅行に行き**リフレッシュできた**

このように、自分の気持ちに着目し、少しでも「感情が上がった」と感じられる出来事は「できたこと」になります。

自分の感情の変化に目を向ける余裕がない人も多いでしょうが、そこに「できたこと」はたくさん転がっているのです。1日5分だけ立ち止まり、「そういえば、ちょっとワクワクした自分がいたな」「あのとき、なんだか嬉しかったな」と、自分を上空から眺めるイメージで「できたこと」を探してみましょう。

もし見つからなかったら、次のように自問してみてください。

できたことを探す自問①

- 嬉しかったことはないか?
- スッキリしたことはないか?
- 「やった!」と思えたことはないか?
- 気持ちよかったことはないか?
- 「うまくいった」と思えたことはないか?
- ワクワクしたことはないか?

■「感情」に注目して、今日の「できたこと」を書いてみようこのように一日の感情の変化を見ることで、必ず1つや2つは「できたこと」が見つかるはずです。

◎できたことを探すコツ②「時間」「実績」「習慣」を書き出す

できたことを見つける2つ目の視点は「**数**」です。

・**納期通り**製品を発送できた（時間）
・商談を**いつもより2件多く**こなした（実績）
・新聞を1か月間、**毎朝欠かさず**に読んだ（習慣）

このように、「時間」「実績」「習慣」の切り口で「数」に着目し、少しでも「できた」と感じるものは「できたこと」になります。

【時間】では、「いつもより早くできた」のようにスピードが上がったことはもちろん、計画通りにできたこと、なんとか間に合ったこと、時間を有効活用できたことなども含まれます。

【実績】とは、何かのスコアが上がったことです。たとえばビジネスにおいて、「契約を3件受注できた」「売上目標を達成できた」といった最終結果はもちろんですが、それに至るまでの商談数やアポイント数、電話をかけた数など、何か1つでも数字が上がったことがあれば「できたこと」としましょう。

そして【習慣】とは、続けることができたことです。毎日、毎週、毎月……継続できたことを探します。「お客様に会うたびに、次の提案の約束を取り付けた」「毎週の部内会議で、3週連続でレポートを発表できた」など、繰り返しやれたことを探します。

何か月も続けられたことだけでなくても、今まで手をつけられていなかったことを3日間でも続けられたら、それも「できたこと」です。

それぞれ次のような自問をすると、より見つけやすくなるでしょう。

できたことを探す自問②

【時間】

・少しでも早くできたことはないか？

・久しぶりにやったことはないか？
・時間通りにできたことはないか？

【実績】
・点数がアップしたことはないか？
・より多くできたことはないか？
・部分的に数字がよくなったことはないか？

【習慣】
・数日間、少しでも続けられたことはないか？
・毎週、続けてできたことはないか？
・毎回、何かのたびにできたことはないか？

■「数」に注目して、今日の「できたこと」を書いてみよう

◎できたことを探すコツ③「他者の反応」から探す

できたことを見つける3つ目の視点は「**他者**」です。

先日、とある企業の若手向け研修でこんな会話がありました。

若手　「私には『できたこと』なんてありません。上司に怒られてばかりで毎日凹んでいます。昨日だって『報告が遅い！』とだいぶ責められました。自分に自信がないし、このまま仕事を続けられるか心配です」

私　「できたことは必ずあるはずですよ。ちなみに、昨日は誰と会いましたか？朝からの行動を思い出してみてください」

若手　「えっと、朝礼に出席して、そのあと後輩の新人に勤務表の書き方を教えて、提案書をつくり……」

私　「ちょっと待ってください！　後輩に仕事を教えたんですか？」

若手　「そうですね。一応、彼のメンターなので」

私　「教えたあとの後輩はどんな表情でしたか？　何か言っていませんでしたか？」

若手　「**『助かりました。ありがとうございます！』**と言っていましたね」

私　「あるじゃないですか！　それが『できたこと』ですよ。素晴らしいじゃないですか」

若手　「えっ、勤務表の書き方を教えたことが、ですか？」

私　「そうです」

若手　「先輩だから、教えるのは当たり前じゃないですか」

私　「でも、後輩に感謝されたんですよね？　自分が当たり前だと思っていることでも、相手が何か好意的な表情や行動を返してくれたら、それは『できたこと』ですよ」

若手　「『後輩に勤務表の書き方を教えたら感謝された』というのも『できたこと』なんですね。そう考えると、午後に行ったお客様との商談でも――」

このように、「他者」という視点によって「できたこと」が見つかることもよくあります。

・プレゼンが終わった後、**拍手をもらった**
・お客様に品物を届けたら**「ありがとう」と言われた**
・先輩の仕事を手伝ったら**ランチをおごってくれた**

自分がしたことに対して、相手が何か好意的な行動や言動をしてくれたら、それも「できたこと」になるのです。

今日、誰に会ったかを思い出してみましょう。そして、相手の表情や言動、行動を思い出すのです。

「あのとき、上司の表情がちょっと緩んだな」

それくらいでも、かまいません。

本当に相手がそう思っているかどうかは深く考えず、自分の視点で「きっと相手は喜んでいたはずだ。表情には表れていないが、それは恥ずかしかっただけだろう」と思えたら、それは「できたこと」に組み込んでください。

もし見つからなかったら、以下のように自問してみましょう。

できたことを探す自問③

・誰かに少しでも感謝されたことはないか？
・誰かに褒められたことはないか？
・誰かに喜ばれたことはないか？
・あなたのおかげで誰かが助かったことはないか？

以上が、できたことを見つけるための3つの視点（感情、数、他者）です。

「できたこと」を探すコツは、自分の小さな変化を見逃さないことです。

「私はこういうタイプ」と決めつけ、自分にレッテルを貼り、同じような視点で自分を見てしまいがちですが、見方を少し変えるだけで、いくつもの「できたこと」に出合えます。

自分への思い込みをなくし、新しい視点で自分の「できたこと」を探してみましょう。

これが、成長への第一歩となるのです。

■「他者」に注目して、今日の「できたこと」を書いてみよう

Column 1

できる人はやっている「感情マーク」と「一行日記」

ここまでは自己肯定感を高めるために、日々「できたこと」を見つけ、メモすることをオススメしてきました。

もし余裕があれば、もう1つオススメしたい日々の習慣があります。

それは、**「感情マーク」と「一行日記」**です。

毎日の自分の気持ちをマークや言葉で表し、その理由を20文字程度の短い文章で書くメンタルトレーニングです。

ワクワク：プレゼンがバッチリ決まった

悔しい：部長にミスを強く指導された

ホッ：やっとのことで提案書が完成した

イライラ：A社から急な仕様変更。あれはないだろう……

このように自分の感情とその理由を振り返ると、自分を客観的に見る力が身についてきます。専門的には「メタ認知」と言い、まるで心の中にもう一人の自分がいるかのように、自分のことを俯瞰《ふかん》できるようになるのです。

メタ認知力が増すと、別の状況で似たような場面に遭遇したときに、感情に振り回されなくなります。なぜなら、**自分の「認知のクセ」がつかめる**からです。

人にはそれぞれ「認知」と言われる「ものの見方や事実のとらえかた」があります。ある出来事があった瞬間に、認知によって感情が生まれ、反射的に何かしらの行動や言動を取ります。

■ 手帳に「感情マーク」と「一行日記」を書こう

4/4	ワクワク	今日のプレゼンはバッチリ決まった
4/5	悔しい	部長にミスを強く指導された
4/6	ホッ	やっとのことで提案書が完成した
4/7	イライラ	A社から急な仕様変更 あれはないだろう...

この「認知」の違いから、同じ出来事でも人によってとらえ方が異なります。

たとえば、「仕事で面談依頼のメールを送ったのに、相手から1週間返信がない」とき、あなたには次のABCのうち、どの考えが頭に浮かぶでしょうか？

A「さみしいなあ」
B「ふざけるな！」
C「心配だな」

Aを選んだ人は、「不安、悲しみ」という感情がわいています。「失礼な内容だったのだろうか。私は嫌われているのかもしれない」という「認知」です。

Bの人は、「怒り、悔しさ」という感情です。「1週間もメールを返信しないなんて、なんて失礼な人なんだろう」という「認知」になっています。

Cの人は、「心配、やさしさ」という感情です。「とてもお忙しいのだろう。何かトラブルに巻き込まれているのかもしれない」という「認知」になります。

このように人間は、何かあったときに「感情」がわき起こりますが、なぜそのような感情になったのか、冷静にその理由を考えることで、感情と認知を分けることができるのです。

よく言われる認知行動療法とは、この認知に働きかけて感情をコントロールしたり、ストレスを軽くしていく治療法です。

感情マークと一行日記を習慣にすることで、自分の認知のクセに気づくことができ、認知行動療法と同じような効果が得られます。「あー、また同じようなことで怒っているな」「いつものことだから、寝たら忘れるだろう」と、自分を客観的に見ることができ、感情をコントロールできるようになるのです。

自分の感情を冷静に考えられるようになることで、**反射的にわいた感情が落ち着き、ストレスを軽減できる**でしょう。

Part 2

月イチ10分
「できたこと」を振り返りなさい

月1回、心の中の自分と素直に向き合う

◎「ありたい姿」を認識すると人は変われる

ここまでは、振り返りを行うための土台づくりとして「自己肯定感を高める」ことに焦点を当ててきました。

「できなかったこと」を無視し、「できたこと」だけは必ずメモし続ける。この単純な習慣で自己肯定感は確実に高まり、自分自身と向き合え、行動を起こせる人になれます。

では、ここまでに見つけてきた数ある「できたこと」を、どう振り返り、自分に生かしていけばよいのか？

まず大切となるのは、**「ありたい姿」**を認識することです。

人は誰しも理想の姿があります。

・海外でバリバリ働きたい
・自分の技術力で次世代の商品を生み出したい
・早く一人前と認められたい……

これらが「ありたい姿」です。私たちは、普段これを強く意識することはあまりありません。目の前のやるべきことに精一杯で、ありたい姿を意識する余裕などないのです。

しかし、それでは成長することはできません。

「ありたい姿」はあなたが直近で目指すべきゴールです。何を目指しているのかがわからなければ、モチベーションもわきませんし、行動にも結び付かないのです。

もしかすると、自分の理想を掲げること自体に抵抗を覚える人もいるかもしれません。

しかし、難しく考える必要はありません。「将来、海外で仕事がしたい」と思っているのであれば、素直にそれを書けばいいのです。サッカーの本田圭佑選手は、ACミランへの入団会見で「心の中のリトルホンダに聞きました。すると『ミランでプレーしたい』と答えた」と発言し、注目を集めました。あなたも本田選手のように、素直に心の中の自分に「どうなりたいのか？」と語りかければいいのです。

「ありたい姿」は、上司や先生、親などに提出するものではありません。あなたが思うがまま、自分の「ありたい姿」をイメージして書いてみましょう。素直に書くという行為そのものも、先ほどの「自分の心のフタを開ける」行為につながります。

「こうなりたい」と願うあなたの気持ちに正直になることで、自己肯定感も高まるのです。

◎「できたことメモ」から「ありたい姿」を探し出そう

「うーん、でも正直、『ありたい姿』がまだよくわからない」という人もいると思います。

そういう人にオススメの方法があります。

それは、**月1回あなたの「できたことメモ」をザッと見直す**ことです。

1か月もすれば、多くの「できたこと」がたまっているはずです。これら「できたこと」の記録を見ていくことで、自分の「ありたい姿」に気づけます。

「できたこと」を眺め、次のように自分に問いかけてみましょう。

「もっとなんとかしたいと思うことはどれか？」

「もっと高めたいことはどれか？」

すると、いくつか気になる「できたこと」が見つかるはずです。

「あれっ、なんだかこの『できたこと』が気になるな」。そんな軽い感覚でかまいません。毎日記録してきた**「できたこと」は、あなたの価値観の集積**です。ここで気になった「できたこと」は、あなたの「ありたい姿」を認識するヒントになります。なぜなら、そこにはあなたの大切にしている価値観・信条が隠されているからです。

たとえば、次の「できたこと」が気になった人がいたとします。

・新しい単語を10個覚えた
・リスニングを1週間続けられた

きっとこの人は、「英語力をつけたい」「将来は海外でバリバリ働きたい」などのありた

い姿を持っているはずです。ほかにもたとえば、

・セールストークがうまくできた
・アポイントメントが取れた

という「できたこと」に目が行った営業マンなら、「売上目標を達成してまわりに認められたい」というありたい姿を持っているかもしれません。

このように「できたこと」と「ありたい姿」は強く結び付いています。

「なぜ、この『できたこと』が気になったのか？」と考えてみると、自身の「ありたい姿」に気づくことができるのです。

あなたが気になった「できたこと」の背景にはどんな「ありたい姿」があるでしょうか？「周囲に認められたい」「海外でバリバリ働きたい」「出世したい」……その姿は人それぞれ。「ありたい姿」に改めて気づいたとき、一歩ずつそこに近づく意欲がわいてくるはずです。

■「できたこと」を見直すと、「ありたい姿」が見えてくる

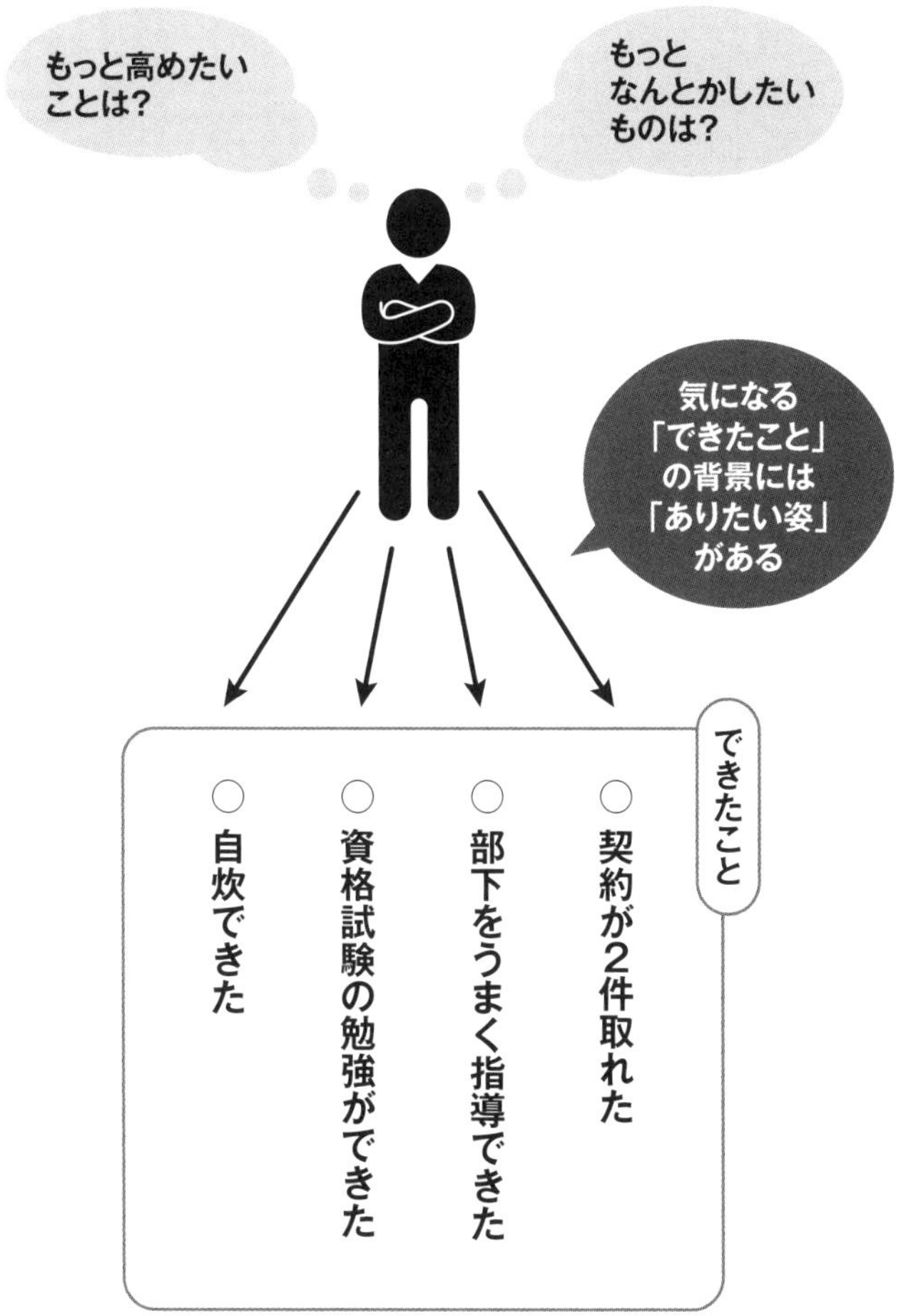

「できたこと」が生み出す計り知れない効果

◎ありたい姿から振り返るテーマを決める

自分の「ありたい姿」は認識できたでしょうか？

ありたい姿は、今あなたが向かうべきゴールです。それに気づくことで、より自分を高めていきたいという気持ちがわいてくるはずです。

「ありたい姿」を認識したら、もう一度「できたことメモ」を見直してみましょう。

「これって、このままでいいのかな？」

「もっとこのあたりについて、自分を高める必要があるな」

これまでとはまったく違った感覚がわいてくるはずです。「ありたい姿」を認識したことで成長意欲が高まり、普段の行動の結果に（「できたこと」ですら）疑問がわいてきます。

そこで生まれた気持ちを大切にし、あなたの気になる「できたこと」を、**月1回、1テーマに絞って振り返りましょう**。

「売上を達成し、上司・部下から圧倒的に信頼される営業マンになる」というありたい姿に気づいた場合であれば、たとえば「売上アップ」というテーマに絞って、それに紐づく「できたこと」を振り返ります。

テーマは毎月変えてもいいですし、同じものでもかまいません。成長し続けていれば、同じテーマでも毎回違った気づきを得られます。

月1回、自身で決めた1テーマについて、10分ほど「できたこと」を振り返ることで、あなたは爆発的なスピードでありたい姿に近づいていけるのです。

■ 月1回、1テーマを設定しよう

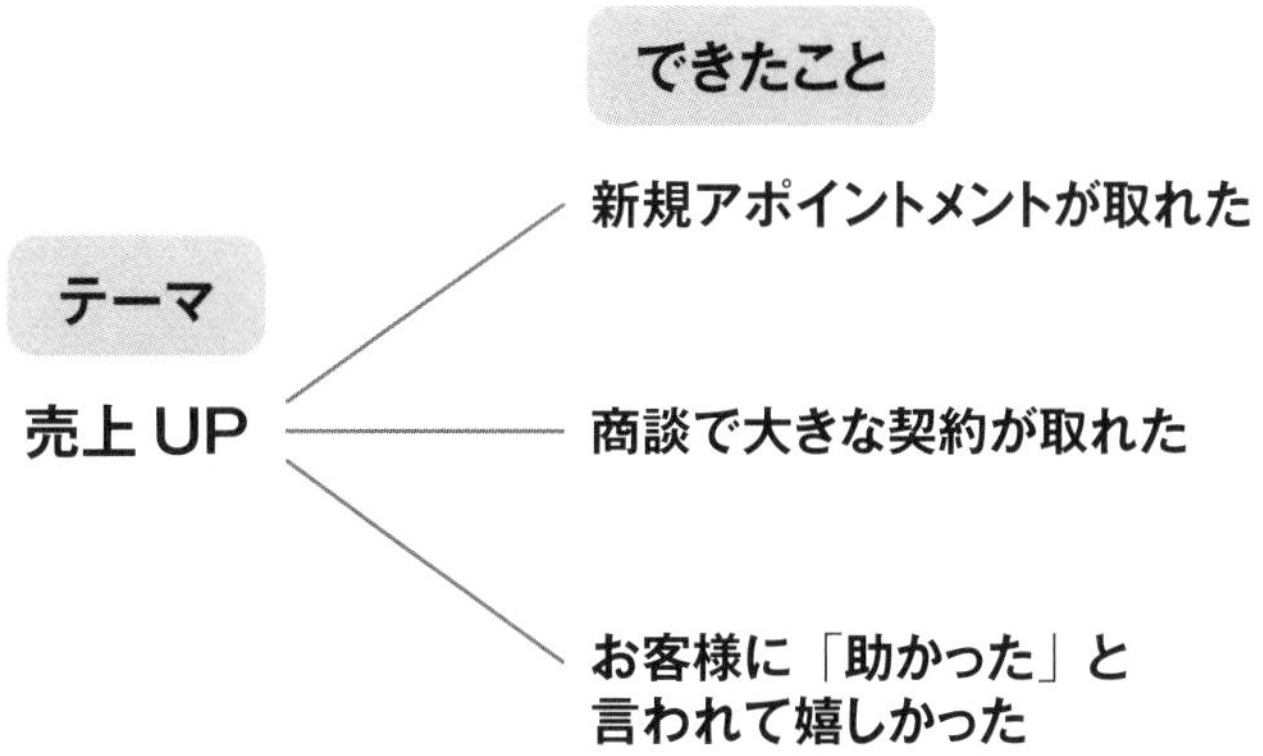

◎失敗の振り返りは、「一時的な変化」しかもたらさない

月に1度だけでも、「できたこと」を振り返る効果は計り知れません。

たとえば、次の2つについて、実際にちょっとだけ振り返りをしてみましょう。

・最近できなかったこと
・最近できたこと

それぞれについて、「どのように、その経験を次に生かすか？」とざっくりでいいので考えてみてください。

——いかがでしょう？

まず、「できなかったこと」から振り返った場合、どのような感情が生まれてくるでしょうか？

「まずいな。どうしよう……」

「やりたくないけど、ノルマがあるしな……」

「本当に自分はうまくできるようになるんだろうか……」


こうした焦りや強い不安、恐れが先に生まれてくるはずです。

このような感情が先に来ると、前向きに取り組む意欲がわきません。

恐怖から逃れるために一時的には行動し、変わるかもしれませんが、思った成果が出なければ、いずれ精神的にキツくなり元に戻ってしまうでしょう。

一方で「できたこと」の場合、前向きな感情に気づくはずです。


「よし！　なかなか自分はよくやっているな」

「さらに自分を高めるにはどうすればいいだろうか？」

「できた要因は何だろう。それをどう次に生かすべきだろうか？」


なんともポジティブな感情です。

「できたこと」を見ることで、自分を肯定的に認めることができるので、さらに自分を磨こうという気持ちがわいてくるのです。

もちろん、自分を磨くときには「本当にできたと言えるのか?」と疑うことになるので、自分の足りないところも見えてきますし、不安な感情もわきます。

しかし、スタートが「できたこと」であれば、それを乗り越えることができます。**自己承認されているために、適度な不安がプラスに働き、さらに自分を磨こうとする意欲がわき出る**のです。

次のような心の動きで、挑戦に結び付きます。

「やった! できたぞ」(承認)
「でも、このやり方はベストではないな……」(適度な不安)
「よし! まずはこれから取り組んでみよう」(挑戦)

心理学の研究でも適度な不安は逆に行動量を増やすと言われています。人は行動することによって不安を払拭しようとするからです。

■「自己承認」から始めると挑戦できる

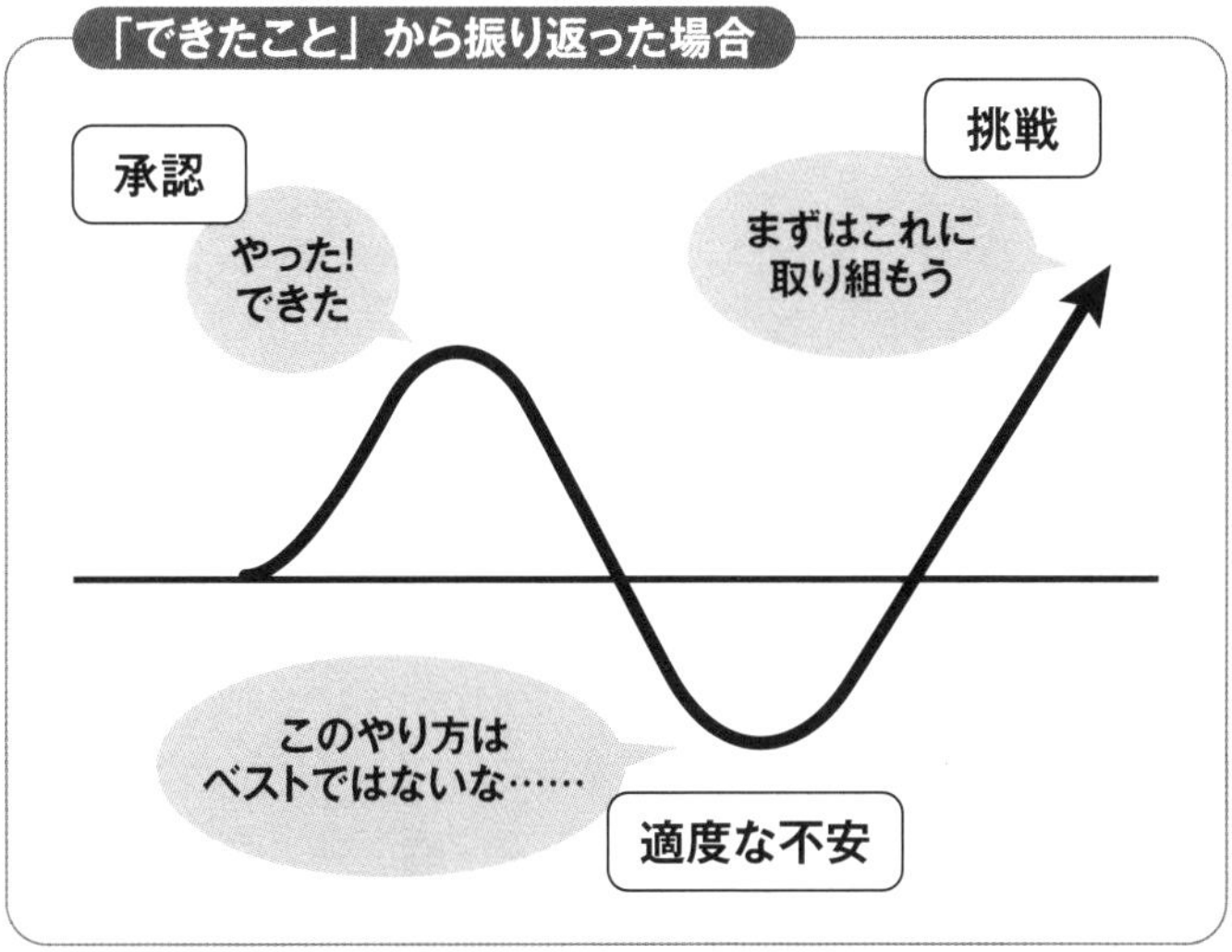

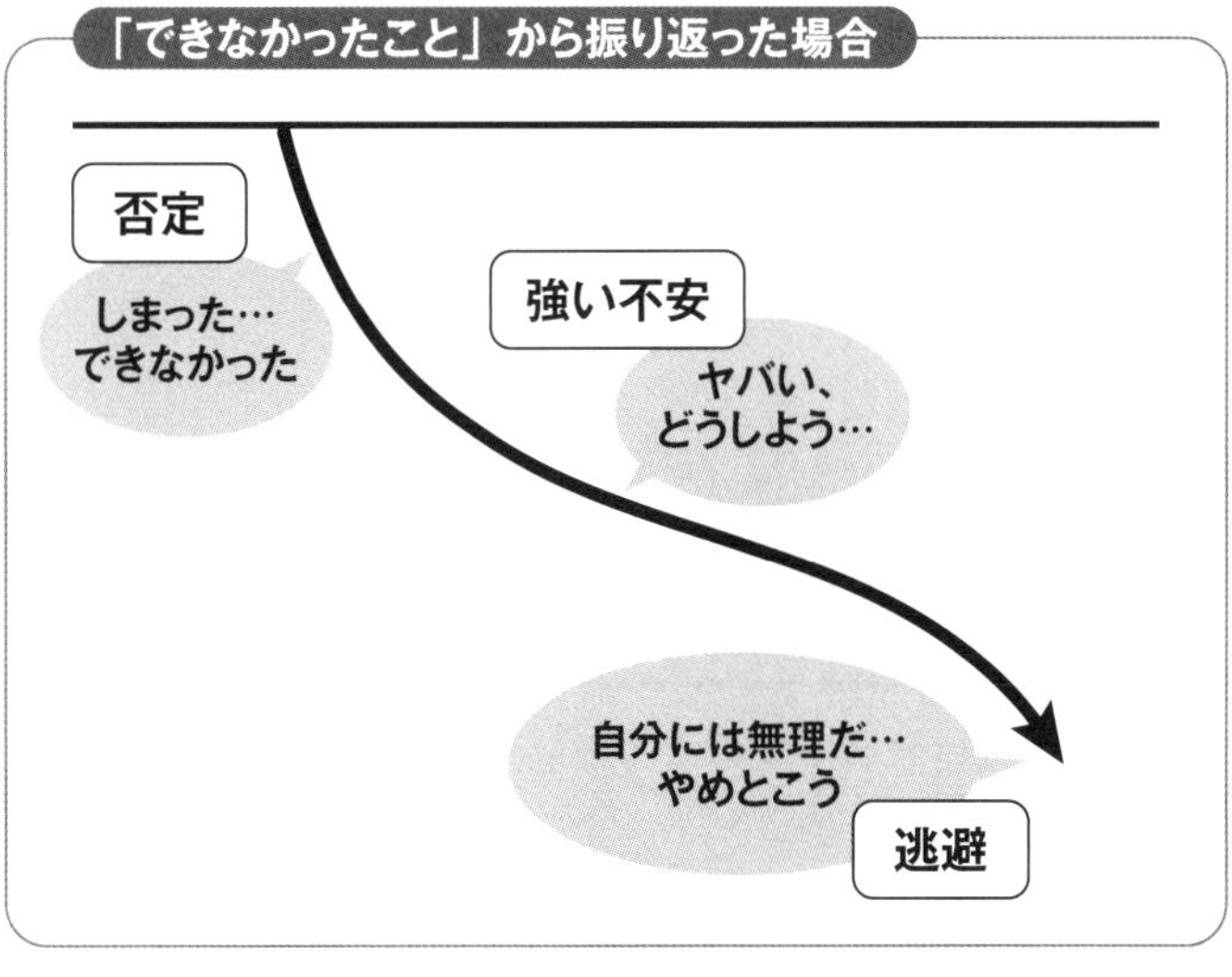

「できなかったこと」から生まれる「強い不安」ではなく、自己承認から始める「適度な不安」が、あなたの成長を後押ししてくれるのです。

「2つの思い込み」を取り除けば、あなたはぐんぐん成長できる

◎自分を疑うことで「思い込み」を取り払おう

では、具体的に「できたこと」をどう振り返っていくか？

振り返りでもっとも大切なポイントは**「思い込みからの脱却」**です。

多くの場合、成長の妨げとなるのは「思い込み」です。

人は過去の体験や認知のクセなど、いわゆる「思い込み」によって判断し行動していきます。

しかし、それがいつも正しいとは限りません。それに気づかず、思い込みにとらわれ、その枠から抜け出せなくなってしまうのです。

初めてフルマラソンに出場したKさんの事例で考えていきましょう。

Ｋさんは、今年初めてフルマラソンに挑戦しました。これまでは年に数回ハーフマラソンの大会に出場し、毎日２㎞、週末５㎞のランニングで、完走してきました。

そして今回、フルマラソンに挑戦するために、毎日４㎞、週末10㎞と練習量を倍増。３か月間このトレーニングを積み、大会に臨みました。

ところが本番では、30㎞を過ぎたあたりで足が痙攣を起こし、リタイアしてしまいました。Ｋさんは「練習を2倍にして挑んだのに悔しい」と涙しました。

Ｋさんは、自分の過去の体験から「ハーフマラソンの倍の練習をすればフルマラソンに完走できる」と思い込んでいたことが問題です。フルマラソンに対応するためには、もっと別の練習が必要だったことでしょう。

本来は、「本当に、毎日４㎞、週末10㎞のランニングだけで十分なのか？」と自身に問いかける必要がありました。

しかし、こうした疑問を持つことができなかったわけです。

要は、**視野が狭くなっていた**のです。

先入観や偏ったものの見方による「思い込み」が創造性を阻み、最適な行動に結び付かなかったのです。

◎あなたの視野を狭める「2つの思い込み」

とくに私たちの成長を妨げる「思い込み」が、**「過去の成功体験」**と**「前例主義」**です。

以前にうまくいったから、前からこうしているから、と「なんとなく」今のやり方が正しいと思ってしまっていることです。

□過去の成功体験（以前にうまくいったから）

人間は過去にうまくいったやり方にこだわってしまいます。成功体験を忘れられないからです。

フルマラソンを途中リタイアしてしまったKさんも、完走できたハーフマラソンでの練習法にとらわれていました。

ハーフマラソンの成功体験にこだわっていなければ、ゼロから考え、もっと自由な発想で新しいトレーニング法に気づけたかもしれません。

□前例主義（前からそうしているから）

前例主義とは、「前からこうだったから変える必要がない」という考え方です。

ある小学校では冬のマラソン大会で子どもたちに半袖・半ズボンで走らせることを長年行ってきたそうです。

しかしあるとき、保護者から「大会の日は寒波で気温がマイナス5度にもなる天候なのにおかしい」といった意見があがりました。こうした疑問を投げかけられ、学校側は初めてそれが「おかしい」と気づいたようです。結局、それ以降、この学校の冬のマラソン大会はジャージ着用OKとなりました。

この例は、まさに前例主義の極みです。「今までずっとこのやり方だったから」「実績がなければ新しいやり方はNG」といった固い考えで、これまでどれだけの新しいアイデアが実践されず、お蔵入りになってきたのでしょう。

多くの人は、こうした過去の成功例や前例主義を背景に、〝なんとなく〟行動し、〝なんとなく〟成功・失敗しているのです。

これでは成長できるはずがありません。私もこれらにとらわれて成長できない人を多く見てきました。

成長し続けるためには、何よりまずこうした「思い込み」から脱却する必要があるのです。

思い込みを取り払うために大切なたった1つのこと

◎目的に立ち返りゼロベースで考える

思い込みから抜け出すには、**「目的」に立ち返る**ことが大切です。

「できたこと」は行動の結果であり、行動には必ず目的があるはずです。目的を認識することではじめて、「結果は満足いくものだったのか？」「行動は適切だったのか？」と現状を「疑う」ことができます。

思い込みから脱却し、思考の奥行を深くして創造的な行動を見出すためには、この「**疑う**」ことが大切です。「疑う」とは、決して自分を否定することではなく、凝り固まった視野を広げる行為なのです。

「4か月後に行われるＴＯＥＩＣ試験で７３０点以上を出し海外勤務の候補者に選ばれ

る」ために奮闘している若手リーダーの例で考えてみましょう。

彼は、ある日「TOEICの模試でリスニングの点数が上がった」という「できたこと」の原因を分析するため、「なぜ点数が上がったのか?」と考えました。すると、どうやら毎朝行っているオーディオ教材でのリスニング練習が効果を上げているようです。

そこで毎朝のリスニング時間を増やし、さらに点数を上げることに努めました。

――しかし4か月後、結局、目標の点数には届きませんでした。

うまくいった原因を振り返り、そこから行動を改善したのになぜ点数が伸びなかったのでしょう?

それは目的に立ち返って、今やっている勉強法自体に疑問を持たなかったからです。彼の目的はTOEICの点数を730点以上に上げることでした。そう考えると、リスニングだけで十分だったかは疑問です。

もしここで本質に立ち返り、現状のやり方を根本的に疑うことができれば、適切な課題を見つけ、新たな解決策を導き出すことができたでしょう。

「結果を出すためには、もっと別の勉強が必要ではないか？」「では、新しい学習方法とは？」といったところまで考えが及んだはずです。

このように目的から「できたこと」の結果や行動を改めて俯瞰することで、**現状に疑問がわき、新たな気づきを得られます**。

「売上目標を達成したいのに、事務作業の資料作成にばかり時間を取っているな……」

「県大会出場のためにはエラーを減らさなければならないのに、バッティングの練習ばかりしていたな……」

まるで、これまでより一段上の場所から、「現状」を見ているような感覚が得られるはずです。

これまではただの大きな壁だったのに、上から俯瞰したことで、いびつな形をしていることがわかったり、上に穴が開いていることに気づいたりする——。目的から見ることで**〝これまで見えなかった現状の課題〟が目前に浮かび上がってくる**のです。

■ 目的から見ることで視野が広がる

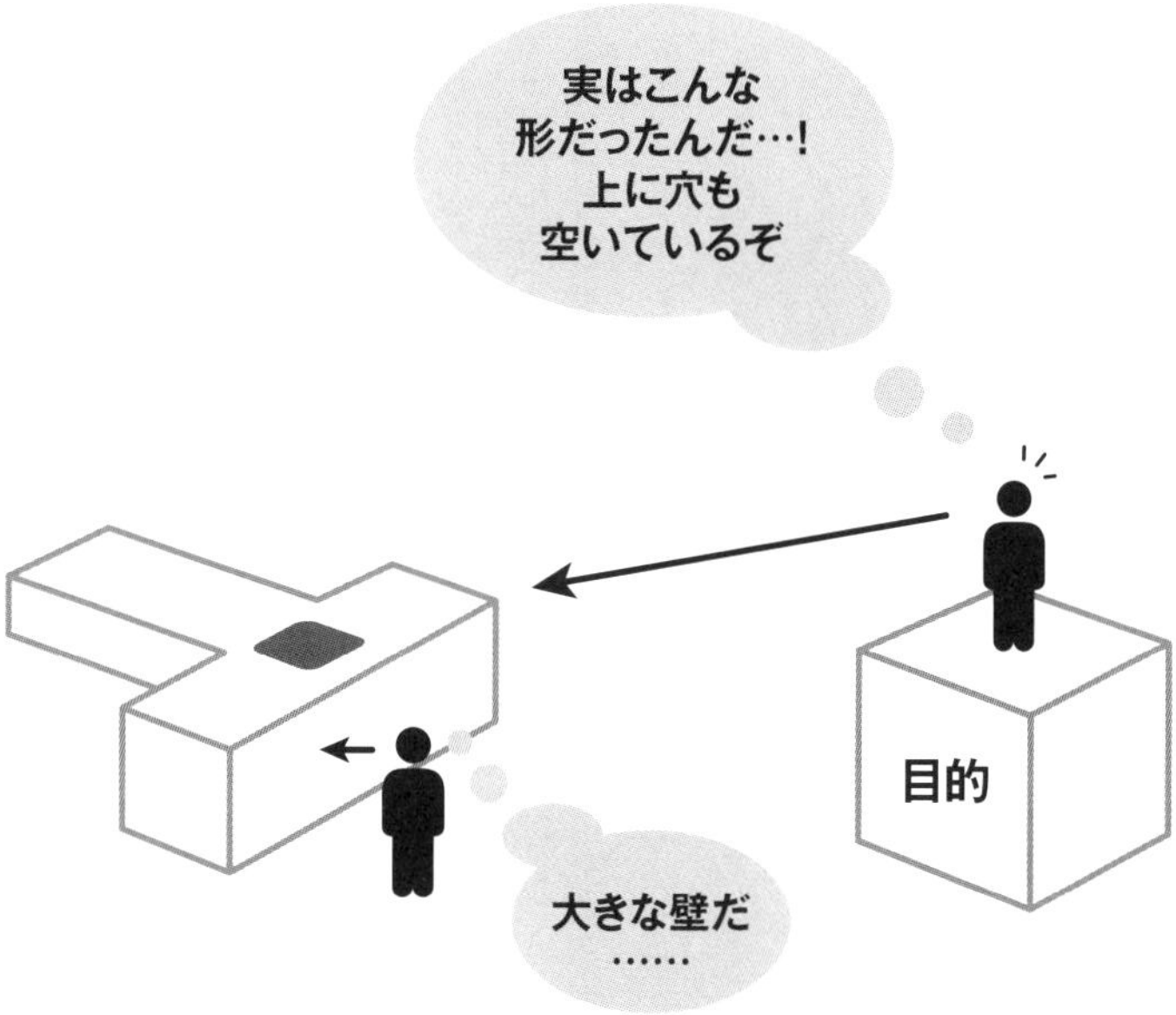

ゼロベースで自分の行動を見直そう

◎「そもそも何のためにやっているのか?」で目的を問う

そこで、月イチ10分の振り返りは「目的」を確認することから始めます。

「できたこと」に対して、

「そもそも何のためにやっているのか?」

と問いかけましょう。

できたこと「毎日英単語を10個覚えた」
⬇目的「TOEICで900点を獲得し、海外派遣員として活躍する」

できたこと「顧客と面談し、商品説明を行い受注できた」
⬇目的「担当商品の売上目標を達成し、競合に奪われたシェアを取り返す」

できたこと「毎日10㎞のロードバイクを行えた」
⬇目的「来年のホノルルマラソンで完走し、家族や仲間に祝福される」

このように本来の目的を明確にしましょう。

目的が明確になると、「果たして本当に今までのやり方でいいのだろうか？」と「できたこと」に疑問がわいてくるはずです。

これはまさに、あなたの視野が広がった瞬間です。知らず知らずのうちにとらわれていたこれまでの成功体験や前例主義から脱し、ゼロベースで新たな課題を探れる状態になったと言えます。

◎「与えられた目的」は「自分自身の目的」にする

目的を把握する際に注意したいことがあります。

それは、**「与えられた目的」**が出てきたときです。

たとえば、「年間の売上目標を達成する」「担当業務の生産性を上げる」といった、会社や上司から与えられた目的に行き着いた場合は、もう一歩踏み込んで考える必要があります。

なぜなら「与えられた目的」の場合、「ありたい姿」の実現よりも「もっとなんとかしないとまずいな……」というプレッシャーのほうが強い可能性が高いからです。すると、やらされ感や受け身の気持ちが生まれ、創造的な思考ができなくなってしまいます。自分事にならないため、どこか受け身に考えてしまうわけです。もちろん、行動を起こすモチベーションもわきません。

「そもそも何のためにやっているのか?」と考えたときに「与えられた目的」が出てきた場合は、**「自分自身の目的」**にしていく必要があります。

次の2つの問いで、目的をもう一段階深掘りしてみるのです。

【報酬】目的が達成されたとき何が得られるのか?

【成長イメージ】目的が達成されたときに自分はどんな姿にステップアップしているか?

こうして目的を自分軸で考えることで、目的を自分事としてとらえられるようになり、行動するモチベーションが高まります。

教育用のソフトウェアを開発している25歳の技術者Yさんの例で考えてみましょう。

Yさんは、毎日メモした「できたこと」から「プログラミング技術の向上」というテーマを設定し、そこに紐づく「できたこと」の根底にある目的を確認しました。

すると、「新たなスマホアプリを開発するため」という目的が出てきます。

Yさんの目的は、まさに会社の戦略でした。Yさんにとっては「与えられた目的」です。

そこで、Yさんは2つの問いかけで目的を深掘りしました。

【報酬】
➡会社の査定が上がり、プロジェクトリーダーに昇格する
【成長イメージ】
➡最新技術を使えるプログラマーとしてまわりの信頼を勝ち取っている

結果、「新たなスマホアプリを開発し、最新技術を使えるプログラマーとしてまわりの信頼を勝ち取る。そしてプロジェクトリーダーに昇格する」という、自分事の目的を把握し、前向きに自らの現状を疑っていくことができました。

このように、自分軸にまで落とし込むと、より積極的に考え、行動できるようになりま

す。

会社やチームから与えられた目的が出てきた場合は、このように〝自分自身の目的〟に落としこんでいきましょう。

今のやり方を疑う「3つの自問」

◎3つの自問で「できたこと」を疑う

目的に立ち返ったあなたは、今、劇的に視野が広がった状態です。「果たして本当に今までのやり方でいいのだろうか？」と現状への疑問も生まれています。

そこで、実際に「今のやり方」を疑ってみることにしましょう。

次の「今のやり方を疑う3つの自問」を自分に投げかけるのです。

・（目的から考えて）何か、現状の改良点はないか？
・（目的から考えて）何か、本来やるべきだったことはないか？
・（目的から考えて）何か、まったく別の方法はないか？

「目的の把握」のあとに、この3つの自問を投げかけることでどんどん新たな課題や手法を発見できます。

営業マンGさんの事例で考えていきましょう。

Gさんは、「売上向上」をテーマに、次の「できたこと」を振り返ることにしました。

・新規のアポイントメントに成功した
・商品の説明が上手にできた
・先輩に電話のかけ方がうまくなったと言われた

そして、これらの「そもそもの目的」を考えたところ、「年間売上目標300万円を達成して、競合からシェアを奪い返す」という目的が出てきました。

しかし、これは会社から「与えられた目的」です。そこで、目的を深掘りしたところ、「一人前の営業と認められてまわりから信頼される」という自分軸の目的も把握できました。

つまり、Gさんの目的は「年間売上目標3000万円を達成して、競合からシェアを奪い返すことで、一人前の営業と認められてまわりから信頼される」ことです。

目的に立ち返ったとき、「本当に今のやり方でこれが達成できるのか？」と疑問がわいてきます。そこで、「今のやり方を疑う3つの自問」で「できたこと」を疑っていくことにしました。

□何か、現状の改良点はないか？

➡もっと確実にアポが取れるように、電話をかけるタイミングや話し方を改良する必要がある

□何か、本来やるべきだったことはないか？

⬇商談で、商品の魅力をうまく伝えられていない。もっとプレゼンテーションスキルを身につける必要がある

⬇10分程度の短い時間で、商品の特徴や魅力を伝えられるよう、わかりやすい営業資料を開発する必要がある

□何か、まったく別の方法はないか？

⬇アポどりの電話のトークマニュアルをつくり、アポイントメント代行会社にアウトソーシングする

⬇他部門の名刺情報を共有してもらうことで、見込み客のリスト数を増やす

このように、新たな課題や方策がたくさん出てきます。

特定のやり方に固執していた頃とは、まったく別次元の内容がいくつも見つかるのです。

月イチ10分の振り返りは、この「今のやり方を疑う3つの自問」と前述の「目的把握の自問」の合計「**4つの自問**」で完結します。

あなたが決めた「振り返るテーマ」と「できたこと」について、この4つの自問を投げかけるだけです。

これまで見えなかった「成長のカギ」を4つの自問で見つけていきましょう。

■ 新たな発見を生み出す4つの自問

自問① そもそも何のためにやっているのか？

自問② 現状の改良点はないか？

自問③ 本来やるべきだったことはないか？

自問④ まったく別の方法はないか？

相談で「アドバイス」を求めてはいけない

◎相談の目的は「思考を深める」こと

もし、振り返りをしていて行き詰まったときは、誰かに相談してみましょう。視野を拡大するには、他者への相談も有効です。

ただしこのとき、相手に「具体的な解決策」を求めてはいけません。具体的な解決策を教えてもらうことで目先の問題は解決するかもしれませんが、自ら考え、成長する機会が奪われてしまいます。

大切なのは**相談によって自分の思考を深める**ことです。

皆さんも「誰かに相談する中で、自分の考えが整理され、新たなアイデアが生まれた」という経験があると思います。

他者への相談は、自分の考えを整理し、思考を深める効果があるのです。

相談は「アドバイスを求めるもの」ではなく「思考を深めるもの」という認識を持てば、より多くの場面で他者を上手に使い、自分の考えを整理し、新たなアイデアを手にしていけます。

また、相談を受けることでも思考は深まります。相手の悩みを聞き、相手に質問を投げかけることで自分の考えも深まるのです。

私はこれを**「相談のブーメラン効果」**と呼んでいます。相手のことを考える中で、「自分はどう考えているだろう？」「自分は普段どうやっているだろう？」と自分についても考えが及ぶのです。

この本の編集を担当したHさんも、普段からこの効果を強く実感しているようです。

「編集者同士で企画やカバーデザインについて相談し合うことが多いのですが、相手の悩みを自分事として真剣に考えれば考えるほど、自分が進めている企画をブラッシュアップする新たなアイデアが浮かんできます」（Hさん）

他者の相談を受けているようで、結果として、自分の思考を深め、成長につながる糸口を見つけられるのです。まさに「情けは人の為ならず」です。

このように相談し、相談される環境を意図的につくることで成長スピードはさらに加速します。

とくにチームで目標達成に挑んでいる場合は、問題を複数人でディスカッションしながら考えるとよいでしょう。

時にはメンバー外の関係者を招くのもオススメです。これまでにはない視点で質問がわき出て、新たな視点で考えが深まることもあるはずです。

「今、本当に取り組むべき課題」を1つだけ明確にする

◎優先すべき課題を見つける

ここまでさまざまな課題や新たな方策が浮き彫りになってきました。

しかし、限られた時間の中で、あれもこれも手をつけていたらすべてが中途半端になってしまいます。

そこで、確実に目的に近づくために「**今取り組むべき課題**」を1つに絞り込みましょう。

ただしこれは、選択されなかった課題をなおざりにするものではありません。1つの課題に対処した結果、他の課題も解決することはよくあります。まず1つに絞り込むことで確実に前に進むことが大切なのです。

次の二軸のマトリックスを有効に使い、最優先課題を絞り込んでいきましょう。

・緊急性：早く取り組まないとリスクが大きくなる課題
・影響度：目的に達するために影響度が高いと考えられる課題

たとえば、フルマラソンを完走したいKさんは、4つの自問で次の新たな課題が見えてきました。

・筋力増強トレーニングをする
・疲れないランニングフォームを習得する
・ランニングコースをアップダウンのある場所に変更する

これを二軸のマトリックスで考えると、左ページ図のようになります。

ここでは、「疲れないランニングフォームを習得すること」に課題を絞り込むことが得策だと考えられました。誤ったフォームで走っているうちは、他のトレーニングの効果も悪くなるし、早めに対処しないと誤ったフォームが定着してしまうため、緊急性も高いと考えられたからです。

■ 最優先課題を選ぼう

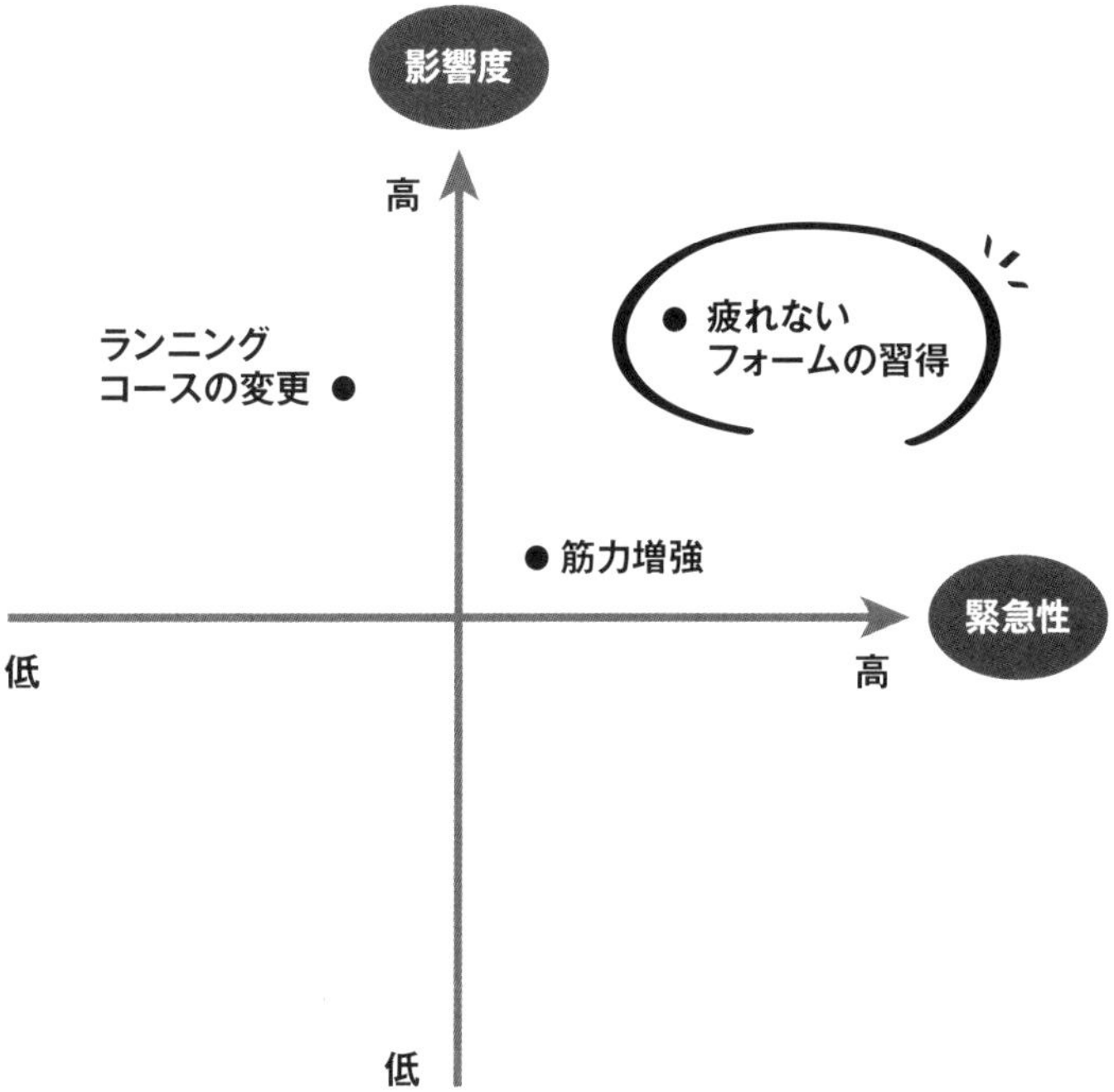

このようにして、最も優先すべき課題を1つに絞り込みます。

1つに絞り込むのが難しい場合は、**「自分の力で解決できそうなもの」かつ「解決がかんたんなもの」を選んでください。**

つまり、もっとも取り掛かりやすいものです。

いくら大切でも、行動のハードルが高ければ何もせずに終わってしまいます。

それならば、できる限りすぐに実践できることから手をつけ、「できたこと」を増やしていくほうが、自己肯定感も増し、どんどん前に進んでいけます。

「期限」と「度合い」が行動の質を変える

◎良質な行動変容に結び付けるためのワンエッセンス

「今取り組むべき課題もわかったことだし、さっそく行動に移ろう！」といきたいところですが、ちょっと待ってください。

このまま「行動」に移してしまうと、ここまでの振り返りがすべて水の泡になってしまいます。

選んだ課題に、もうワンエッセンスを加えてあげましょう。**「期限」**と**「度合い」**の2つの要素を盛り込むのです。これにより課題に具体性を持たせることができます。

たとえば、先ほどの「フルマラソンを完走する」事例では、「疲れないランニングフォームを習得する」ことが最優先課題でした。

この課題について「いつまでに、どれくらいのレベルで習得するのか？」と、期限と度合いを盛り込むのです。

ここで大切なのは目的を思い出すこと。漠然と「これくらいかな？」と考えてもいい加減なものになり、行動に結び付きません。

また、いくら目的のためとはいえ、**ハードルを高く設定しすぎない**ようにしましょう。心理学には「最高のパフォーマンスをするためには、ある程度の緊張感が必要であるが、一定以上の緊張感は逆効果である」という研究結果があります。ほどほどのプレッシャーがよいということです。

するとこの場合「2か月後までに正しいフォームで10㎞完走できるようになる」くらいの課題が妥当だと言えます。

ここまで課題を明確に考えることで、その後の行動は大きく変わってきます。自ら考え、設定した課題だからこそ価値があるのです。

心理学の研究でも、自分の頭で考えたことを達成したときが、揺らぎのない自信につながると言われています。自分で詳細まで考えた課題を解決していくことで、より自己肯定感が高まり、最高の成長スパイラルに入れるのです。

もちろん課題を設定しただけでは何も変わりません。「行動」することが大前提です。行動するには、課題を「**行動計画**」に落とし込む必要があります。「具体的に何をするか?」を考え、その行動を習慣化していくのです。Part3では、その手法についてお伝えしていきます。

Column 2

あなたのモチベーションの源泉を知ろう

振り返りの際、余裕があればもう1つ自分に問いかけてほしいことがあります。

それは、「**できたことのどの点が自分の喜びだったのか?**」ということです。


「何が嬉しかったのか?」

「何が気持ちよかったのか?」

「何が楽しかったのか?」

「何がエキサイティングだったのか?」

「何が好きなのか?」


このように、**喜びの理由**を確認するのです。「よかったと思うだけで、それ以上も以下もないよ」と短絡的に考えていてはもったいないです。ここでもう一歩、自分の本音と向き合い、「何が幸せだったか?」と考えてみることが、あなたをより成長に導きます。

喜びの理由の奥には、自分のモチベーションの源泉が隠れています。普段触れることがない、あなただけの価値観・信条があるのです。

たとえば、若手営業マンが「先輩のアドバイス通り電話したところ、新規顧客に初めてアポイントメントを取れた」という「できたこと」を挙げていたとします。

この例も、人によって異なる「価値観・信条」が存在します。

> 失敗続きだったが、あきらめずに乗り越えられたことが喜び
> ⬇
> (価値観・信条)困難なことでも果敢に挑戦すること

> 先輩に勇気を出して相談して、助け合える仲間を認識できたのが喜び
> ⬇
> (価値観・信条)信頼できる仲間と一緒にチームで仕事をすること

大型顧客のアポが取れて売上の達成に近づいたことが喜び
⬇（価値観・信条）高い目標を達成してビジネスで活躍すること

お客様から「ちょうど困っていたんだよ」と感謝された
⬇（価値観・信条）お客様のお役に立つ仕事をすること

このように「なぜ嬉しかったのか？」「そこに通じる価値観や信条とは？」と紐解いていくと、自身の喜びの源に気づくことができます。

これがあなたのモチベーションの源泉であり、あなたが大切にしている価値観・信条です。これはあなたの「**幸せの基準**」だとも言えます。自分がどんなときに幸せになれるかを知っていれば、自らモチベーションをキープしながら自分を変えていけるのです。

自分の価値観・信条を確認することとは、どのように人生を歩みたいか、その方向性を確認することでもあります。

時には、押し寄せてくるやるべきことに押し流され、これらを見失ってしまうこともあるでしょう。

しかしどんな状況にあっても、心の奥で「大切に感じていること」は変わるものではありません。あなたの奥に静かに横たわっているモチベーションの源泉は、ちょっとしたことで消え去ることは決してないのです。

振り返りの中で、この見失いがちな心の奥に眠る価値観・信条に触れていきましょう。それらを確認することで、自分が向かうべき方向性もハッキリし、迷いなく、ありたい姿に向かっていけるようになるのです。

Part 3

これで「やり抜く人」になれる!
行動し続ける技術

取り組む課題がわかっても、行動できないのはなぜ？

◎課題は「行動計画」に落とし込む

ここまでで、あなたがありたい姿を実現するために「今取り組むべき課題」が明確になりました。

しかし、このようにしっかりと振り返り、課題を把握しても、行動しない人がいます。せっかく成長に直結する新たな課題を導き出したのに、行動に移さなければ意味がありません。

頭で考えただけでは、結局何も変わらないからです。

新たな課題を確実にクリアするためには、**「何をするか？」（行動計画）まで落とし込む**必要があります。

たとえば、フルマラソンに挑戦するKさんの課題は、「2か月後までに正しいフォームで10㎞完走できるようになる」でした。

これを行動計画に落とし込むと次のようになります。

・専門書などで疲れない正しいフォームを調べ、研究する

・毎日4㎞、正しいフォームでランニングする

「何をするか?」が明確になっています。

こうしてやるべきことが明確になると、人は行動に移せるのです。

■ 課題を「行動計画」に落とし込もう

【課題】

2か月後までに正しいフォームで10㎞完走できるようになる

【行動計画】

➡ 専門書などで疲れない正しいフォームを調べ、研究する

➡ 毎日4km、正しいフォームでランニングする

◎行動計画の「立て方」が習慣化のカギ

しかし、このように行動計画に落とし込んでも、一時的に実行するだけで、続かずにやめてしまう人が多いのも現実です。

私は、多くの人々の振り返りをサポートする中で、「習慣化されない行動計画」とはどのようなものかが身に染みてわかっています。

たとえば、次の行動はすべてほとんど実行されず、「計画しただけ」で終わってしまった実例です。

「毎日資格試験の勉強を2時間する」
「ダイエットのために腹筋をする」
「お客様へのアポ取りをしっかりと実践する」
「上司に対して必ず中間報告を行う」
「会議のときには要点を確認するように心がける」

せっかく経験を振り返り、課題を見つけ行動まで落とし込んだのに、その行動が定着しなければ意味がありません。

こうなってしまうのには、いくつかの原因があります。

たとえば、次のような理由です。

- **行動計画があまりに多く、**どれから手をつけていいかわからない
- 「毎日」「毎週」など、**行動するタイミングが決まっていない**
- 「徹底的に」「しっかりと」など、**行動の頻度やレベルがあいまい**
- 行動計画なのに「心がける」などの**精神論になっている**

私自身、企業や個人の振り返りをサポートする中で、こうした〝続かない行動計画〟を本当にたくさん見てきました。

しかし、これらが行動に移され、習慣化することは99パーセントありません。

せっかくの振り返りをムダにせず、行動に移し、習慣化するには**「習慣化されやすい行動計画」をつくる**必要があるのです。

では、どうすれば習慣化される行動計画を立てられるのか？
ここからはそのコツを紹介していきます。

とにかく小さなことから始めよう

◎行動計画はとにかく「かんたん」に

習慣化されない行動計画で多いのは、ハードルを高く設定しすぎていることです。行動に落とし込む際は、**明日から確実に実践できるかんたんな習慣**にすることが重要です。人は過去のやり方に固執してしまうので、なかなか重い腰を上げられないからです。

人間には現状維持バイアスというものがあり、行動のクセを変えることに違和感を覚え、元に戻したがる性質があります。要は、「変わること」がめんどうなのです。

根性論でしばらく頑張ったところで、数日経つと元に戻ってしまうのはこの特性のせいです。**習慣を一気に変えるのは不可能**なのです。

大きな歯車は、一気に回すことはできません。しかし、少しでも回り始めたら、あとはスムーズに回り始めます。行動を変えるクセをつけることは、この歯車を回すことに似ています。

一歩、そしてまた一歩と少しずつ行動していくことが大切。小さな変化でも、実践することで「改善できた」と自己肯定感が高まり、さらに行動する意欲がわいてきます。それが積み重なり、気づけば新たな習慣が生活に根付いていくのです。

最初の一歩は、「小さな変化」。これが大切なのです。

◎過去に決めたことにとらわれすぎない

新たに習慣化する**行動計画は1～2つ、多くても3つ**にしましょう。あれもこれもやるべきことがあると、どれも実行されずに終わってしまいます。

また、もし最初の一歩が「なんだかうまくいかない」と思ったら、思い切ってゼロベースで考え直し、行動計画をまったく変えてしまうのも一つの手です。最初に考えた行動計画がベストとは限らないからです。

目的の達成までには、いくつもの難所があります。当初と状況が変わり、今までのやり方がまったく通用しなくなることだってあるでしょう。

それなのに、最初に決めた行動計画を「初志貫徹」と言って、ひたすら続けるのはいかがなものでしょうか。

行動はあくまで手段にすぎないのに、一度決めた行動を変えずに、手段が目的化してしまっているのです。

固い意思は時にプラスに働きますが、成長においては、柔軟に考え変化していったほうがよいのです。

行動は「タイミング」が命

◎タイミングを具体的にすれば、実施確率は「3倍」になる

私は、これまで多くの企業で実践してきた行動変容のデータを持っています。その中で「習慣化されなかった行動計画」の実例がこちらです。

「**毎日**、お客様に電話をして面談の約束を取りつける」
「**毎週**、1時間は新しい企画を考える」
「**週末に**まとめてビジネス書を読む」

「毎日」「毎週」「週末」「来週までに」「来月には」……こうした実施タイミングがあいま

いな行動計画は、「いつ実施するか」が明確でないため一時的な行動で終わってしまいます。

確実に行動し続けるには、実施タイミングを具体的に、明確に定めることです。

行動科学では、行動のタイミングを逃さない手法として「**if - thenプランニング**」という方法論があります。「（if）もしこうなったら」「（then）これを行う」という意味です。

（if） 午後4時になったら
（then） 上司に報告を行う

（if） 金曜日に仕事が終わったら
（then） スポーツジムでランニングを行う

このように、**具体的に行動するタイミングを決めておくことで実施確率が3倍になる**ことが明らかになっています。「いつ実施するか」を明確に行動計画に盛り込んでおくことで、より実践につながるのです。

先ほどの例だと、次のように改善します。

毎日、お客様に電話をして面談の約束を取りつける
⬇
毎朝出勤直後に、お客様に電話をして面談の約束を取りつける

毎週、1時間は新しい企画を考える
⬇
毎週水曜日の午後5時から、新しい企画を1時間考える

週末にまとめてビジネス書を読む
⬇
毎週土曜日の午前中は、ビジネス書を読む時間とする

このように、行動計画では「いつ、その行動を実施するのか」を明確にし、盛り込むことが大切です。

実施するタイミングが明確になることで、行動し続けられる確率は格段に高まります。

◎「コバンザメ作戦」でスマートに習慣化する

皆さんは、ドイツの心理学者エビングハウスの忘却曲線をご存じでしょうか？

・1時間後には、56パーセントが忘れる
・1日後には、74パーセントが忘れる
・1か月後には、79パーセントが忘れる

これは驚くべき数字です。せっかく行動を計画しても翌日に覚えている人はわずか26パーセント。4人に3人は忘れてしまうのです。

忘れてしまうのは人の性質なので変えようがありません。むしろ積極的にその性質を受け止め、「忘れないためにはどうすればいいか？」と考えなければなりません。

そこで有効な行動が習慣化しやすくなる「タイミング」の技術があります。

それは、別の行動の「ついでに」実施する「**コバンザメ作戦**」です。

すでに根付いている行動習慣に、新しい習慣をくっつけるのです。

たとえば、毎朝新聞を読みたいなら、「毎朝コーヒーを飲むとき（ついでに）新聞を読む」というように、いつもの習慣に新しい習慣を付け加えてあげるのです。

誰にでもすでに根付いている習慣があるはずです。

・朝起きたら、必ず朝食を摂っている
・通勤電車の中で、スマホを触っている
・出勤したらすぐにパソコンでメールを確認している
・週3回は、お客様に見積書を提出している
・毎週水曜日は、必ず部内会議をしている
・必ず寝る前にストレッチをしている

これらは習慣となっているので意識しなくても実施されています。ここに新しい行動を追加すると、**新たな行動も忘れられることなく、習慣になりやすい**のです。

■ エビングハウスの忘却曲線

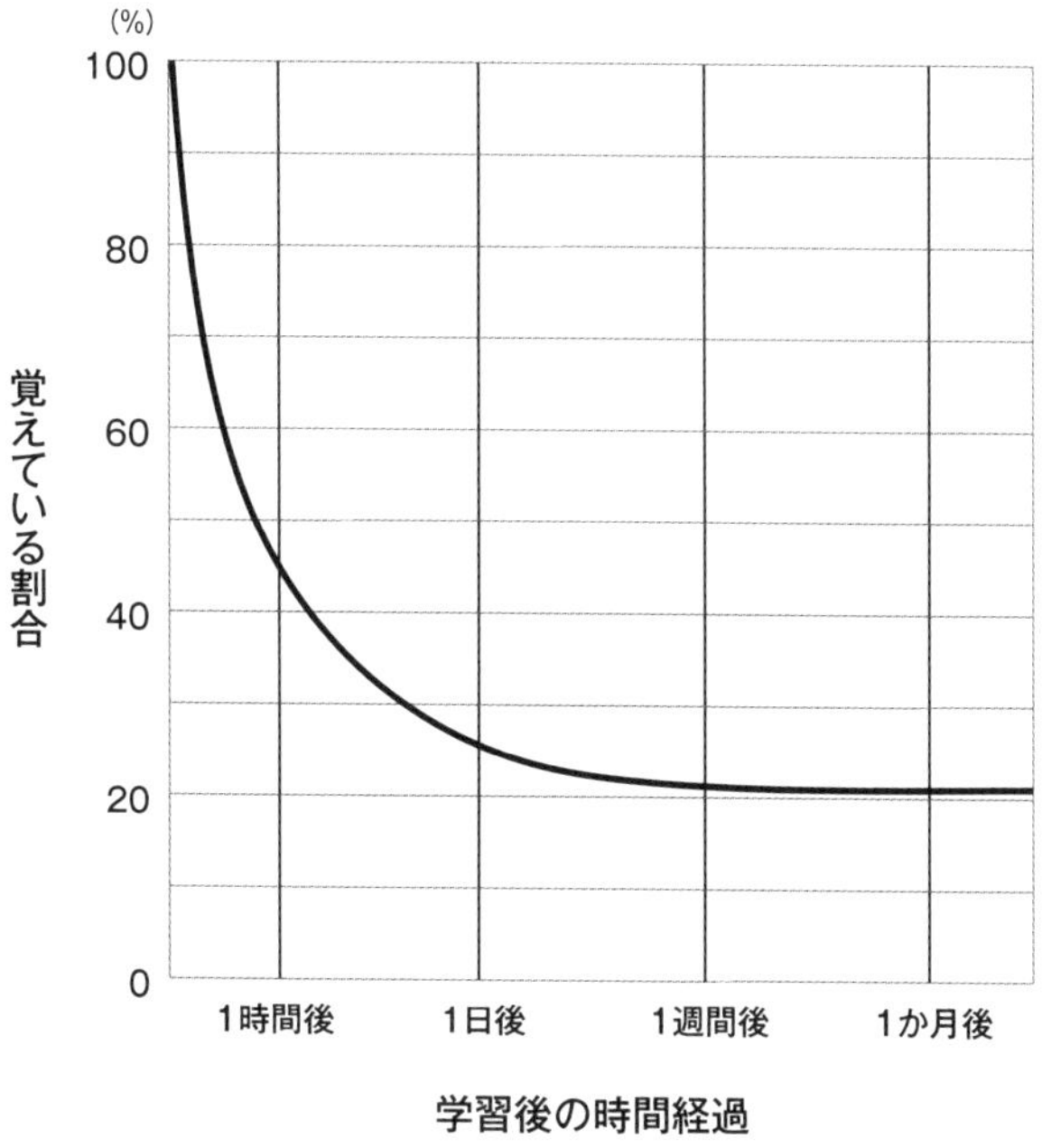

・週3回見積もりを送付するとき、（**ついでに**）新商品の案内も同時に行う
・毎週の定例部内会議の冒頭で、（**ついでに**）営業現場で聞いたお客様の声を共有する
・睡眠前のストレッチをするとき、（**ついでに**）腹筋をする

今ある習慣に結び付けることで、無理なく新しい習慣が定着していきます。
行動計画の内容によっては、この「コバンザメ作戦」を有効に活用していきましょう。

誰かのためではなく、自分のための行動計画を立てる

◎優等生タイプの振り返りを脱しよう

私には「ああ、これは絶対に行動しないな」とすぐにわかる行動計画があります。
それは、他者へのアピールが強い優等生タイプの行動計画です。
たとえば、次の行動計画を見てください。

「自社の実務を**完全に**理解する」
「部下に**徹底的に**コーチングをする」
「品質チェックを**しっかり**行う」

一見すると優秀な回答に見えます。

しかし、「完全に」がどれくらいなのかがよくわかりません。「徹底的に」も、どれくらいの頻度で実施するか疑問が浮かびます。「しっかり行っていく」についても、どれくらいしっかり行うかがよくわかりません。

「もっと」「しっかり」「徹底的に」「非常に」「きちんと」「必ず」「絶対に」「積極的に」「主体的に」……こうした**「副詞」を使った表現が入ると、何をどれくらいするか（頻度やレベル）がわからず、実践されない**のです。


なぜ多くの人は、このような表現を使ってしまいがちなのでしょうか。

それは、学校や部活、会社などでの振り返りが原因です。これまで「振り返り」は、先生やコーチ、上司やメンターなど、立場が上の人に対して実施してきたと思います。

そこでの経験が、優等生タイプの計画をつくり出してしまいます。「相手に向けた文章」を書いてきたからです。やる気マンマンな文章を書くことで、相手にいい印象を与えようとしてきたわけです。

しかし、本当に成長し、自己実現したいなら、**自分のために行動計画を書くべき**です。

優等生である必要はありません。

自分のためだけを考えれば、「完璧」でなく「1つ」変えるだけでも大きな変化です。「徹底的」ではなく「週1回」でも実行できれば、あなたにとっては大きな一歩になるはずです。

行動計画は、誰かに見せるわけではありません。自分のできる範囲で、具体的な数字に落とし込めばいいのです。

> 来週から社内ミーティングをもっと実施する
> ⬇
> 来週から社内ミーティングを**週1回**実施する

> 品質チェックをしっかり行う
> ⬇
> 品質チェックを**10分間**行う

部下に徹底的にコーチングをする
⬇部下に**毎朝5分**コーチングをする

このように行動する頻度やレベルを、自分が確実にできる範囲で数値で明確にすると、より行動に結び付きやすくなります。

自分のために、確実に実践できる行動を設定していきましょう。

あいまいな言葉に要注意

◎「何をやるのか」があいまいになっていないか？

「コミュニケーションを**活性化**させる」
「関係性を**発展**させる」
「業界情報をしっかりと**キャッチアップ**していく」
「守備力を**強化**する」

一見するとそれっぽい「熟語」「カタカナ」が入った行動計画にも要注意です。
よく考えるとわかりますが、これらは実際に**何をやろうとしているのか、決めているようで決めていません。**抽象的にごまかしているだけです。

たとえば、「コミュニケーションを活性化させる」とは、実際に何をしようとしているのでしょうか？

「守備力を強化する」とは、実際にどんな行動をするのでしょうか？

確実に行動される計画にするには、そのまま隣の人に渡しても実践できるレベルまで行動を具体化しなければなりません。

行動科学やモチベーション理論を研究している米コロンビア大学の社会心理学者ハルバーソン氏も、目標を達成するためにはより具体的な行動計画を立てることの有用性を説いています。「睡眠時間を増やす」より「夜は10時までに布団に入る」としたほうがやるべきことが明確になり実際に行動する確率が2倍になるというのです。

行動計画を見て、どんな行動をするのかがいまいちよくわからない場合は、「具体的に何をするのか」がハッキリ見えるまで深掘りしていきましょう。

コミュニケーションを活性化させる

⬇︎ **会議中に、一日一人がメンバーのいい点を1つ挙げ、何がいいのかくわしく説明する**

守備力を強化する
↓ノックの練習後に、追加で10分だけ苦手なプレーの練習をする

熟語やカタカナで抽象的にまとめられた部分を、とにかく誰が見ても行動に結び付けられるところまで具体化するのです。これだけで実施確率は大幅に上がります。

◎精神論で終わっているものは「行動計画」ではない

「元気なムードづくりを**心がける**」
「自分の成績だけでなく部下の状況も**意識する**」
「まわりに認められるように**頑張る**」
「問題が起きないように**気を配る**」
「売上増のために**努力する**」

「心がける」「意識する」「頑張る」「気を配る」「努力する」という言葉も、「何をやるか」がとてもあいまいです。

これらは精神や心持ちを表す言葉であり、具体的な行動ではありません。

「頑張る！」「努力する！」とやる気があるのは素晴らしいことですが、確実に行動するためには、実際にどんな行動をするのかまで、具体的に落とし込む必要があります。

元気なムードづくりを心がける
⬇ メンバー全員に元気な声で挨拶する

自分の成績だけでなく部下の状況も意識する
⬇ ランチに一緒に行き相談に乗る

問題が起きないように気を配る
⬇ 問題をチェック表で確認して部内で共有する

まわりに認められるように頑張る
⬇
先輩に自分がつくった提案書を確認してもらう

売上増のために努力する
⬇
毎日3件、顧客との面談を約束する

このように「精神論→具体的な行動」に変換してあげることで、グッと行動される可能性が高まります。

働く人の「勉強の計画」は続かない

◎勉強の計画は「時間の確保」にすべし

私が、これまでたくさんの企業で振り返りによる人材育成を担当する中で、かなりの確率で習慣化されなかった行動計画がありました。

それは、**働く人の「勉強」を目的とした行動計画**です。英語や資格の勉強などがそれにあたりますが、こうした勉強の計画は、会社などで必要に迫られて取り組むもの以外、ほとんど実行されずに終わります。

「毎週土曜日の起床後1時間で、英単語を50個覚える」

このように、タイミングややるべきことを具体化しても、働く人の勉強の行動計画はなかなか習慣化しないのです。

私がこれまで行った振り返りのデータを分析しても、勉強の行動習慣を計画した人（サンプリング1255人）のうち、なんと82パーセントが行動を習慣化できていないという結果が出ました。

では、なぜ働く人の「勉強」の行動計画は続かないのでしょうか？

それは、誰からもプレッシャーがないため優先度が下がるからです。

ほかにやるべきことがあったら後回しになりやすく、モチベーションを保つのも難しいのです。結果、勉強する時間がなくなり、「時間がなかった、忙しかった」と言い訳することになります。

そこでオススメしたいのが、**「勉強時間を確保する」ための行動計画を立てる**ことです。

「勉強をする」ではなく「時間をつくる」ほうが根性論にならず、習慣化しやすくなります。

私の担当している企業にも、資格試験の勉強が習慣化せずに悩む女性がいました。

その方にこのアドバイスを話したところ、彼女は**「毎朝、通勤途中のコンビニでお弁当を買っていく」**という行動計画を立てました。

彼女が勤めるオフィスビルは、働いている人がとても多く、ランチタイムのレストランやカフェはかなり混雑するそうです。お昼休みに外食しようとするだけで1時間かかるといいます。

そこで勉強する「時間」をつくるために、「毎朝お弁当を買っていく」という行動計画を立てたわけです。ランチを自席でとることでつくり出した時間を、勉強にあてられるようにしました。

自ら勉強時間をつくり出したことで、行動するモチベーションも高まったようです。彼女は無事、昼休みの勉強を習慣化できました。

このように、働く人の勉強の行動計画は、スキマ時間をつくり出すことに着目することで習慣化しやすくなるのです。

「○○しない」は「(大好きな)△△をする」に置き換える

◎「○○しない」の9割は習慣化されない

行動実践のモニタリングデータを分析する中で出てきた「実践されない行動計画」の1つに、「○○しない」という否定形の言葉で書かれた行動計画があります。「遅刻をしない」「注文ミスをしない」「品質管理を怠らない」といった行動です。

行動実践データを分析したところ、**「○○しない」という行動を計画した人(サンプリング341人)のうち91パーセントが行動を習慣化できていない**という結果が出たのです。

これは「〜しない」という行動が、決していい気分で行うものではないからです。

基本的にこれらの行動は、主にダメな自分を律することです。

「二度寝をしない」
「食後にお菓子を食べない」
「毎日、お酒を飲まない」

よくある「○○しない」という行動計画を挙げましたが、どのような印象を受けたでしょうか？

これらは欲求を抑え込むことにも通じますし、決して気分がいいものでないことがわかります。もちろん誤ったことを反省し、これからは気をつけようと考えるのは悪いことではありません。しかし、このような行動計画が、積極的に実施されることはないのです。

脳科学でもマイナスのことや失敗することを意識すると、逆にその行動を取ってしまうと言われています。

「○○しない」は習慣化されづらいのです。

◎「○○しない」はワクワクする行動に置き換える

「○○しない」という行動計画が出てきた場合は、「○○する」「○○を行う」といった前向きな言葉に書き換えましょう。

このとき、「○○しない」というマイナス要因を打ち消すくらい、自分のテンションが上がる大好きな行動に置き換えると、より確実に行動として定着していきます。

二度寝をしない
⬇
目覚ましが鳴ったらすぐに起きて、**大好きなコーヒーを入れる**

食後にお菓子を食べない
⬇
食後のデザートとして、**フルーツを買って食べる**

毎日、お酒を飲まない
⬇ 毎週水曜日の夜は、**お酒なしの代わりに好きな食べ物を食べる**

このように、自分のテンションの上がる行動に置き換えてあげるのです。

「○○しない」は「△△する（自分のワクワクする行動）」に置き換える。

こうすることで、より行動し続けたくなる計画となっていきます。

行動定着率が5倍に跳ね上がる意外な方法

◎筋トレやダイエットが続かない理由

私が提供している振り返りのシステムでは、フィードバックの仕組みがあります。研修や会議のあとに参加者同士でチームを組み、職場に戻ったあとでもお互いの行動によい影響を与え合う相互フィードバック環境を実現しています。参加者同士だけでなく、外部のメンターやコンサルタントが、チームや個人に対して適宜アドバイスを送ることもあります。

こうした「他者の視点」は、行動の定着に絶大な効果があります。

私の振り返りデータを分析しても、**週に1回以上フィードバックを受け続けている人（サンプリング5242人）の行動定着率は平均77パーセント**という結果が出ています。一方で、フィードバックを一度も受けていない人（サンプリング464人）の行動定着率は、わずか15パーセントでした。この結果からも、いかに他者の視点が行動定着に大切かがわかります。

この傾向は、とくに「行動をしたかどうか」が自分にしかわからない行動計画の場合に顕著にあらわれます。誰も見ていないと、人はサボってしまうからです。孤独は継続の大敵なのです。

「毎日の風呂上がりに、10分間筋トレをする」
「毎朝の通勤電車で、スマホで他業界の情報をネットニュースで把握する」

こうした行動計画はすべて一人で完結するものです。行動をやめても誰にもわからないので、途中でやめてしまう可能性が高くなります。

ですから、とくに勉強や筋トレ、ダイエットなどの一人でやる行動は続かないのです。

◎「他者のチェック」を意図的につくり出す

そこでオススメしたいのが、**行動計画に意図的に他者の視点を入れる**ことです。

あえてまわりを巻き込み、行動したことを「見える化」するのです。

たとえば、「毎日の風呂上がりに、10分間筋トレをする」という行動計画を立てたとしても、本当に実行されたかは誰にもわかりません。

それを、「毎日の風呂上がりに10分間筋トレし、**トレーニング内容を仲のいい友人にLINEで送信する**」と、行動した状況を他者に「見える化」するのです。

「毎朝の通勤電車で、スマホで他業界の情報をネットニュースで把握する」であれば、「毎朝の通勤電車で、スマホで他業界の情報をネットニュースで把握し、それを**出勤直後に同僚に話す**」などとすればいいわけです。

もしこれを途中でやめたら、「筋トレやめたの?」「他業界の情報を集めるのやめたの?」と聞かれるでしょう。

ほかにも、私が担当した大学職員の方は、「覚えた単語を冷蔵庫に貼る」という方法で他者の視点を入れ、勉強を習慣化しました。

彼は、「なんとか韓国語能力試験にパスしました。いつも『今日はどんな単語覚えたの？』と声をかけてくれた妻のおかげです」と喜んでいました。

このように他者に「見える化」する方法はたくさんあります。最近はＳＮＳやブログなどもありますから、ほぼすべての人が他者の視点を入れられるでしょう。

こうして、一度始めたことが「続く環境」も整えていきましょう。

■ 習慣化する「行動計画」チェックリスト

☑ 「かんたん」で実行しやすい行動計画になっているか？

☑ 行動計画は多すぎないか？（多くても３つにする）

☑ 実施タイミングは明確になっているか？

毎日 → 毎朝出勤後に
毎週 → 毎週水曜日の午後5時から

☑ 今やっている習慣に付け加えられないか？

腹筋をする
→ いつもやっている睡眠前のストレッチをするとき、（ついでに）腹筋をする

☑ 行動する頻度やレベルが
「副詞」であいまいになっていないか？

もっと実施する → 週1回実施する
しっかり行う → 10分間行う

☑ 「何をやるのか？」が熟語やカタカナで
あいまいになっていないか？

コミュニケーションを活性化させる
→ 会議中に一日一人がメンバーのいい点を
1つ挙げ、何がいいのか詳しく説明する

☑ 「心がける」「意識する」などの
精神論で終わっていないか？

元気なムードづくりを心がける
→ メンバー全員に元気な声で挨拶する

☑ 勉強すること自体が行動計画になっていないか？（働く人の場合）

お昼休みに資格の勉強をする
→ 毎朝、通勤途中のコンビニでお弁当を買っていく（勉強時間をつくる）

☑「○○しない」という表現を使っていないか？（「△△する」に置き換える）

二度寝しない
→ 目覚しが鳴ったらすぐに起きて、大好きなコーヒーを入れる

☑ 他者の視点は入れられないか？

10分間筋トレをする
→ 10分間筋トレし、トレーニング内容を仲のいい友人にLINEで送信する

Column 3

成長スピードが上がる「正しい教わり方」

最後にもう1つお伝えしておきたいことがあります。

それは、**人に関わる人ほど成長する**ということです。

先輩や上司、監督やコーチ、時には同僚や友人など、あなたが自己実現を目指し、成長しようとするとき、他者から学ぶこともとても大切になります。

しかし、素直に人から学ぶことは難しいことです。人から学び取ることを阻む〝ある感情〟があるからです。

それは相手のことが「好きか・嫌いか」「気が合うか・合わないか」です。

誰しも、好きな人と嫌いな人がいますが、この好き・嫌いは自分の価値観や視点を表しています。

好きな人・気が合う人＝価値観・視点が同じ人
嫌いな人・気が合わない人＝価値観・視点が違う人

たとえば、あなたが「いつもまわりに明るく接して前向きに活動する人」に対して好感を持っていたとすれば、それはあなた自身が「明るく前向きに生きていきたい」という価値観を持っているからです。

反対に、「人が発言しているのを遮って持論を展開する人」に対して嫌悪感を持っているならば、そこには、「発言は人の意見を十分聞いてから話すもの」という価値観があるのです。

つまり、人は自分と**同じような価値観を持っている人が好きで、そうでない人は嫌い**なのです。

コミュニケーションの視点で見ても、自分と似た価値観を持つ人とは気持ちよく会話できますが、自分と違う価値観を持つ人とは会話がかみ合わず、ギクシャクしがちです。

すると相手に、「おかしいな」「へんだな」「いやだな」「イラっとするな」「ムカつくな」といったマイナスの感情がわいてきます。

それゆえ、何も意識しないと自分と気が合わない人の意見に聞く耳を持たなくなってしまいます。

もちろん、人間は感情の動物なので、これは至極当然のことです。

しかし、「他者から学ぶ」という意味では「価値観の合わない人の意見に聞く耳を持たない」のは大きな問題です。

価値観が違う人の意見ほど、自分がまったく気づいていない物の見方や考え方に基づいている可能性が高いからです。**価値観が違う人のほうが、大きな気づきを与えてくれる可能性が高い**のです。他者から学ぶ際は、この認識を持つことが大切です。

ここで覚えておきたい言葉があります。

「**イラっとしたらチャンス**」です。

あなたをイラッとさせた相手こそ、あなたを成長させてくれる人。もしイラッとしてしまったら、この言葉を心の中でつぶやいてみてください。スーッと相手の意見が耳に入ってきます。「自分とは違う意見だが、このような考えもあるのだな」と受け止められるはずです。

そこでもし「ハッ！」とする瞬間があれば、それが人から学び取った瞬間です。あなたの視野が広がり、また1つ成長できた証しなのです。

あとがき

昔あるところに、工作好きの少年がいました。

来る日も来る日も、電池やモーター、豆電球などを使い、いろいろなものをつくっていました。ラジコンカーの安物モーターを改造し、高価なモーターを自慢する友達とのレースに勝ったときは、とても自慢げにそのことを家族に話していました。

10歳のときには「池の中覗き器」をつくり、発明工夫展で賞を取りました。

「お父さん。僕、発明家になる！」

少年は大いに喜び、将来の夢を語りました。

高校生になった彼は、その夢を忘れず、物理学の研究者を目指し、一生懸命勉強に取り組みました。しかし、試験に失敗。彼の「発明家になる」という夢ははかなくも散ってしまったのです。

――しかし30年後。41歳になった彼は、教育で使う画期的なシステムをつくり、日本とアメリカで特許を取得しました。

特許証の肩書きには、「Inventor（発明者、発明家）」と書いてありました。

彼は30年越しに、自分の夢を叶えたのです――。

この話は、何を隠そう「私」のエピソードです。

これまでの人生を振り返ると、私自身、「振り返り」の大切さを痛感します。

物理学者になるという夢が破れた後、初めて就職したメーカーでは、製品の耐久試験があまりにも体力的にキツかったため、新たな試験方法を開発し、仕事が楽にできるように工夫しました。「この方法でいいのか？」「まったく別のやり方はないのか？」と疑問を投げかけたことで新たな方法を開発できたのです。

2社目のシステムエンジニア職では、海外に住むフリーランスのプログラマーと一緒にソフトウェアをつくり上げました。取引実績のある「企業」としか仕事をしてはいけないという前例に疑問を持ち、風穴をあけ、新たなプロセスでサービスをつくり上げたのです。

33歳で独立したあとも、決まりきった教育現場の手法に疑問を持ち、学生のケータイを使った授業支援システムを開発するなど、疑問を持って振り返ることで、新たなアイデアを生み出してきました。

現状を疑い、自問し、新たな方法を模索していく――。

この繰り返しの結果、幼い頃の「発明家」という夢を、30年越しに実現できたのです。

そして今、私は多くの方の自己実現をサポートしています。

そこで強く感じるのは、成長を阻んでいるのはいつでも「自分自身」だということです。

「思い込み」により成長する可能性を自分で奪ってしまっているのです。

成長を阻む「思い込み」から脱却するには、自分に問う力、つまり「自問力」を鍛える必要があります。

ものごとを鵜呑みにせず、一度立ち止まって「疑ってみること」が大切になるのです。

「何もできてない……。失敗ばかりだな」
↓本当に？　たくさんできていることがあるよ。

「これさえやっていれば大丈夫だろう」

↓本当に？　そもそもなんのためにやっているか考えよう。

「この方法で、うまくいくだろう」

↓本当に？　前例主義になってない？　別の方法もあるはずだよ。

こうして疑問を持ち、自分に問いかけ、目の前に起きた経験から課題を学び取り、行動を磨いていく――。この繰り返しにより、「ありたい姿」に近づいていけるのです。

この本の中でも、さまざまな自問を自分自身に投げかけてもらいました。

すでに実践してみた方は、これまで見えなかった、自分の新しい可能性を見つけられたのではないでしょうか？

私がこの本で本当に言いたかったこと、それは、「自分の可能性を信じて、人生を謳歌してほしい」ということです。

あなたの奥底には、たくさんの可能性が詰まっています。

その可能性を開くのは、あなた自身です。何も恐れることはありません。
だって、あなたはすでに「できている」のですから。

2018年3月

永谷研一

月イチ10分
「できたこと」を振り返りなさい

振り返りシート
活用事例集

本書のPart2・3で紹介した月イチ10分の振り返りメソッドを、
巻頭の「振り返りシート」にまとめました。
ここからの活用事例集を参考に、ぜひ有効に活用してください。

※190ページに掲載しているURLから、データで「振り返りシート」を
ダウンロードすることも可能です

振り返り事例①

TOEICのスコアが伸び悩むAさん

月イチ10分

「できたこと」を振り返ろう

① 「できたことメモ」を見直し「振り返るテーマ」を1つ決めよう

テーマ

英語力の向上

テーマに紐づく「できたこと」

・通勤電車の中で英語の映画を見た
・帰宅後にリスニングの勉強ができた

② 4つの自問から「今取り組むべき課題」を1つ設定しよう

自問① そもそも何のためにやっているのか？

・TOEIC730点を取るため
・海外勤務候補に選ばれるため

自問② 現状の改良点はないか？

・電車で見ている映画を、
より試験対策に近いリスニング教材にする

自問③ 本来やるべきだったことはないか？

・長文読解の学習

自問④ 別の方法はないか？

・英会話スクールに通う
・オンライン英会話に入会する

今取り組むべき課題の設定

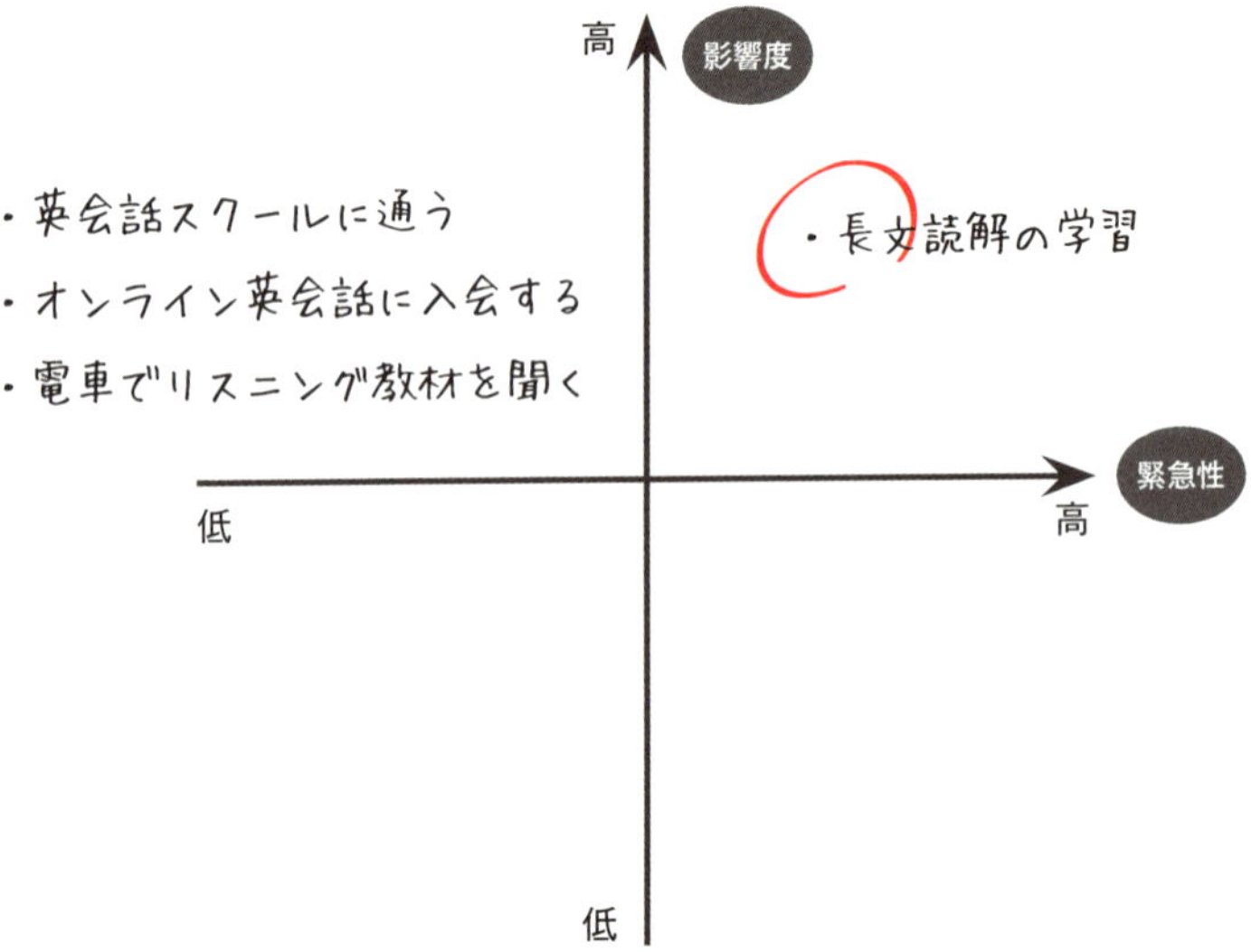

▼ 今取り組むべき課題（期限＋度合い）

・1か月後までに、毎日30分の
長文読解の学習を定着させる

③ 今取り組むべき課題を「行動計画」に落とし込もう

・毎日朝食時に15分『The Japan Times』サイトで
英語版ニュースを読む

・毎週日曜の午前は、模試を受けて
実力を確認する

振り返り事例②

成果が出ずに悩む営業マンBさん

月イチ 10分

「できたこと」を振り返ろう

① 「できたことメモ」を見直し「振り返るテーマ」を1つ決めよう

テーマ

契約数アップ

テーマに紐づく「できたこと」

・新規客のアポが2件取れた
・商談を3件できた
・既存客からいつもより高額の契約をいただいた
・セールストークがうまくはまって、新規の契約をいただけた

② 4つの自問から「今取り組むべき課題」を1つ設定しよう

自問① そもそも何のためにやっているのか?

・年間売上目標3000万円を達成するため
・特別ボーナスでインセンティブがもらえる
・上司や後輩に信頼される。自信がつく

自問② 現状の改良点はないか？

・既存客へは提案内容を変えて1件あたりの
契約金額を増やす

自問③ 本来やるべきだったことはないか？

・受注確率を上げるために、より顧客に響く
提案書を作成する

自問④ 別の方法はないか？

・顧客へDMを送って新規のアポを増やす

今取り組むべき課題の設定

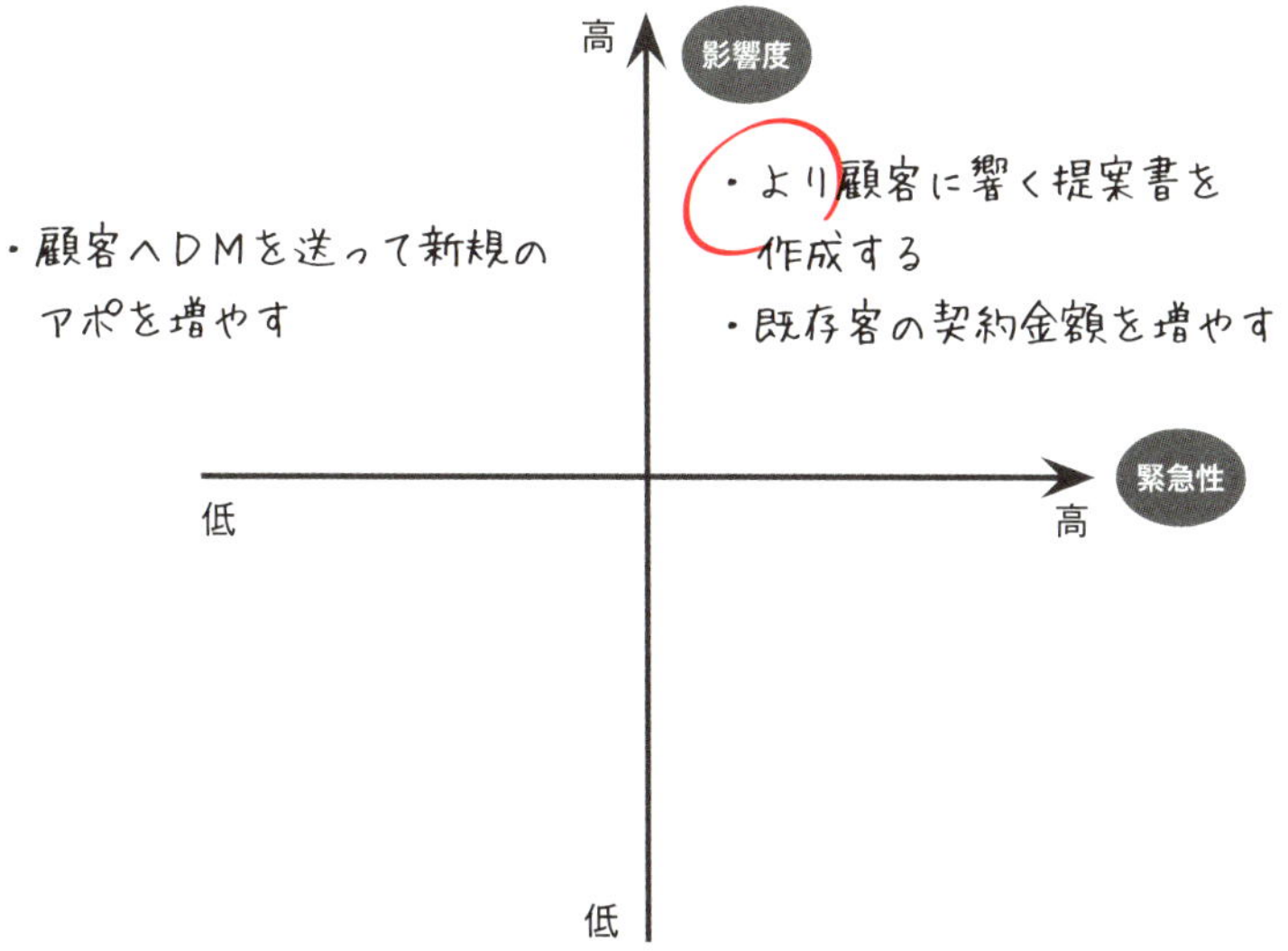

▼ 今取り組むべき課題（期限＋度合い）

・来月1日までに商品の魅力が理解されやすい提案書を作成する

③ 今取り組むべき課題を「行動計画」に落とし込もう

・既存客と面談するたびに、商品のどこが気に入ったのかをインタビューし、資料を改良する
・週末の定例会議のときに改良した資料を先輩に見せて意見を聞く
・月曜日の朝礼後10分間は、提案書のブラッシュアップに時間を割く

振り返り事例③

記録会を控える陸上選手Cさん

月イチ10分

「できたこと」を振り返ろう

① 「できたことメモ」を見直し「振り返るテーマ」を1つ決めよう

テーマ

100メートル走のタイム短縮

テーマに紐づく「できたこと」

・スクワットを10回3セット行った
・200メートル走を5本行った
・監督との1on1ミーティングでアドバイスを聞けた

② 4つの自問から「今取り組むべき課題」を1つ設定しよう

自問① そもそも何のためにやっているのか？

・記録会で100メートル11秒台のタイムを出すため
・秋の大会の代表選手に選ばれ、仲間に認められる

自問② 現状の改良点はないか?

・筋トレにベンチプレスも加える

自問③ 本来やるべきだったことはないか?

・スタートフォームの改善と練習

自問④ 別の方法はないか?

・他チームの選手に連絡を取り、
練習法を確認する

今取り組むべき課題の設定

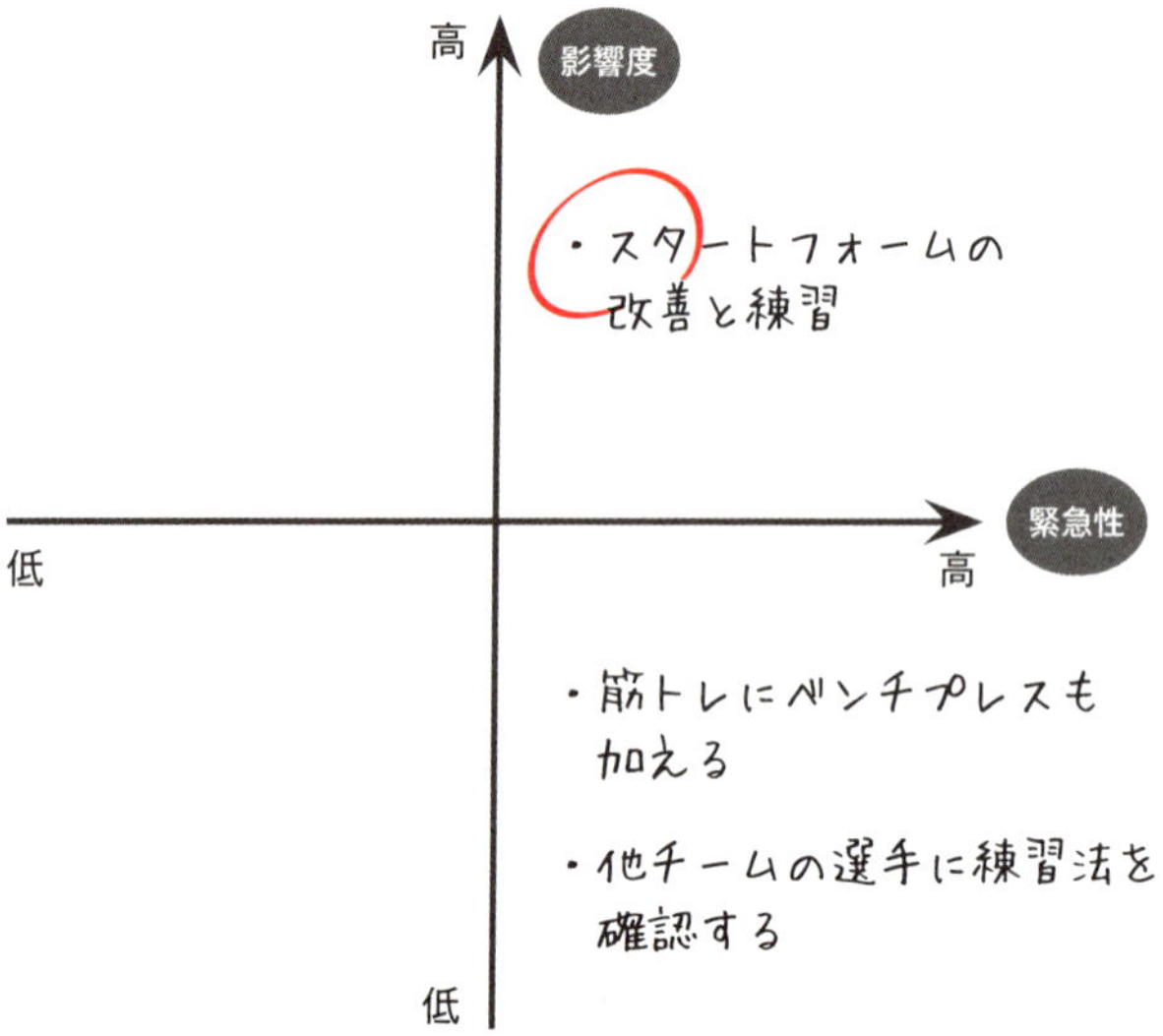

▼ 今取り組むべき課題（期限＋度合い）

・8月までに、スタート20メートルまでは
35度の前傾姿勢で加速できるようになる

③ 今取り組むべき課題を「行動計画」に落とし込もう

・毎日クラウチングスタートの様子を
ビデオで撮影し、姿勢を確認しながら
30メートル走を5本練習する

振り返り事例④

部下指導に悩むマネジャーDさん

月イチ10分

「できたこと」を振り返ろう

① 「できたことメモ」を見直し「振り返るテーマ」を1つ決めよう

テーマ

部下のやる気を引き出し
業績を向上する

テーマに紐づく「できたこと」

- 部下にアドバイスしたら喜ばれた
- 飲み会を実施して関係性を深めた
- 部下の強みを分析してみた

② 4つの自問から「今取り組むべき課題」を1つ設定しよう

自問① そもそも何のためにやっているのか?

- チームの売上目標を達成するため
- 信頼される上司になる
- 経営陣から注目される人材になる

自問② 現状の改良点はないか？

・部下に個別でアドバイスする機会を増やす

自問③ 本来やるべきだったことはないか？

・セールストークを磨くための勉強会を開く

自問④ 別の方法はないか？

・マネジメントの本を読んで指導力を上げる

今取り組むべき課題の設定

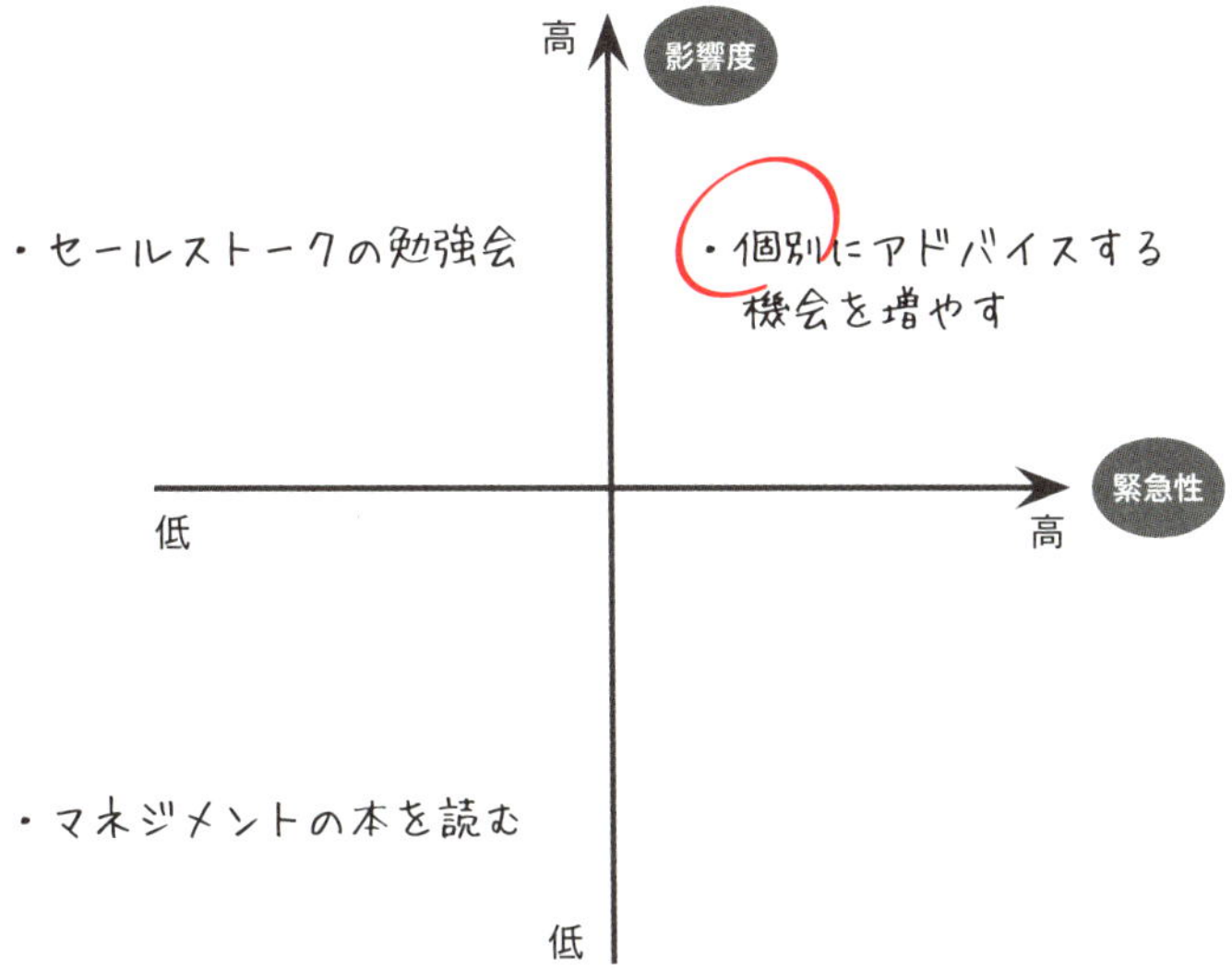

▼ 今取り組むべき課題（期限＋度合い）

・来月より、部下1人に対して
週2回の個別ミーティングを実施する

③ 今取り組むべき課題を「行動計画」に落とし込もう

・水曜と木曜の夕方16時は社内にいる時間とし、
個別ミーティングの時間にあてる

・アドバイスした内容はグループウェアにて
管理職に情報共有する

永谷研一（ながや・けんいち）

株式会社ネットマン　代表取締役社長

1966年静岡県沼津市生まれ。2001年より「携帯電話などモバイル端末を活用したアクティブラーニング」を手がけるICT利活用教育のパイオニア。行動変容を支援するITシステムを考案・開発し、日米で特許を取得。行動科学や認知心理学をベースに、これまで1万2000人以上の行動実践や内省のデータを検証・分析し、目標達成のための行動習慣化メソッド「PDCFAサイクル」を開発。三菱東京UFJ銀行や楽天、日立グループなど130社以上の人材育成プログラムに導入される。

著書に『絶対に達成する技術』(KADOKAWA)、『人材育成担当者のための 絶対に行動定着させる技術』(ProFuture)、『1日5分「よい習慣」を無理なく身につける できたことノート』『できたこと手帳』(以上クロスメディア・パブリッシング)がある。

巻頭付録「振り返りシート」をデータでダウンロードされたい方は、こちらへアクセスしてください

http://dekitakoto.jp/sheet/

月イチ10分「できたこと」を振り返りなさい

2018年4月4日　第1刷発行

著　者――永谷研一
発行所――ダイヤモンド社
〒150-8409　東京都渋谷区神宮前6-12-17
http://www.diamond.co.jp/
電話／03·5778·7236（編集）　03·5778·7240（販売）
カバーデザイン－小口翔平＋岩永香穂（tobufune）
本文デザイン·DTP－安食正之（北路社）
製作進行――ダイヤモンド・グラフィック社
校正――――加藤義廣（小柳商店）
印刷――――堀内印刷所（本文）・慶昌堂印刷（カバー）
製本――――宮本製本所
編集担当――畑下裕貴

ISBN 978-4-478-10522-1